Maciej Kryściak

Deutsche Phraseologismen mit Toponymen und das Problem ihrer Übersetzbarkeit ins Polnische

Maciej Kryściak

Deutsche Phraseologismen mit Toponymen und das Problem ihrer Übersetzbarkeit ins Polnische

Tectum Verlag

Maciej Kryściak

Deutsche Phraseologismen mit Toponymen
und das Problem ihrer Übersetzbarkeit ins Polnische
ISBN: 978-3-8288-2606-9

Besuchen Sie uns im Internet
www.tectum-verlag.de

Bibliografische Informationen der Deutschen Nationalbibliothek
Die Deutsche Nationalbibliothek verzeichnet diese Publikation in der Deutschen Nationalbibliografie; detaillierte bibliografische Angaben sind im Internet über http://dnb.ddb.de abrufbar.

Inhaltsverzeichnis

0. Einleitung

Mit der hier vorliegenden Arbeit soll auf die Diskussion über die Schwierigkeiten bei der Übersetzung von Phraseologismen (PH) eingegangen werden. Als besonders interessant erweist sich die Frage, ob diese sprachlichen Einheiten überhaupt übersetzbar sind, worauf der Titel dieser Arbeit hinweisen soll. Obwohl die Phraseologie eine relativ junge Disziplin ist, treten in diesem Bereich unzählige Probleme auf, die schon mehrmals aufgegriffen und erörtert wurden. Die Aufmerksamkeit dieser Arbeit richtet sich gerade auf den Bereich onymischer PH mit geographischen Eigennamen, da er als nicht hinlänglich erforscht gilt und nicht selten stiefmütterlich behandelt wird. Umso interessanter scheint mithin der Versuch zu sein, die Übersetzbarkeit ins Polnische gerade dieser Gruppe von idiomatischen Wendungen zu untersuchen, angefangen bei solchen wie *Sodom und Gomorrha* bis hin zu solchen wie *ausgehen wie das Hornberger Schießen.* Demzufolge soll hier der Frage nachgegangen werden, ob man für die deutschen PH mit Toponymen polnische Äquivalente finden kann und wenn nicht, welche Alternativen dem Übersetzer[1] noch zur Verfügung stehen.

Die in dieser Arbeit vorgeschlagenen Übersetzungsbeispiele sind keineswegs als allgemeingültige Übersetzungen zu betrachten. Sie sollen vielmehr darüber Aufschluss geben, wie der Übersetzer in solchen Fällen vorgehen soll, um schwerwiegenden Fehlern und somit translatorischen Missverständnissen auszuweichen. Natürlich ist es nicht möglich, im Rahmen der vorliegenden Arbeit alle PH mit Toponymen ausfindig zu machen und explizit vorzustellen. Die in verschiedenen Quellen gefundenen Beispiele für diese Klasse von phraseologischen Wendungen sollen nicht einer vollständigen Auflistung dienen, sondern eine Hilfe sein, das im Titel dieser Arbeit enthaltene Problem möglichst ausführlich zu beschreiben.

Auf Grund der historisch belegten deutsch-polnischen Sprachkontakte kann man die Annahme vertreten, dass sich in diesem phraseologischen Bereich viele Ähnlichkeiten und Äquivalente entdecken lassen. Solche internationalen PH wie etwa *den Rubikon überschreiten* und *przekroczyć Rubikon* stellen für den Übersetzer keine große translatorische Schwierigkeit dar. Was ist jedoch mit solchen Wendungen wie beispielsweise *der Nürnberger Trichter*, die auf deutsche Realien rekurrieren und für den polnischen Rezipienten weniger aufschlussreich sind? Gibt es vielleicht andere Möglichkeiten, mit denen diese semantischen Lücken gefüllt werden können?

[1] Aus sprachökonomischen Gründen wird in dieser Arbeit das generische Maskulinum durchgängig verwendet, das sowohl männliche wie auch weibliche Personen einschließt.

Diese Arbeit ist in zwei Teile gegliedert, die sich jeweils in weitere Subkapitel unterteilen lassen. Der theoretische Teil widmet sich dem Begriff „Phraseologismus“ und anderen auf dem phraseologischen Gebiet umstrittenen Termini. Aus verschiedenen Meinungen, die in diesem Teil angeführt und kritisch hinterfragt werden, sollen sich möglichst klare Begriffe herauskristallisieren, die für die vorliegende Arbeit als theoretische Grundlage dienen. Darüber hinaus geht dieser Teil der Arbeit der Frage nach, welche Translationstheorien eingesetzt werden können, um die phraseologische Bedeutung aus einer in eine andere Sprache übertragen zu können und welche Schwierigkeiten bei der Übersetzung von phraseologischen Ausdrücken auftreten.

Der zweite Teil wird sich mit der praktischen Seite der Übersetzung von PH auseinandersetzen, was mit Hilfe zahlreicher Lexikoneinträge und deren kritischer Analyse erfolgen soll.

Im Anhang werden alle in dieser Arbeit auftretenden und während der Recherche gefundenen PH in Tabellen aufgelistet. Überdies werden die Bedeutung dieser Idiome sowie die Angaben zur Herkunft einzelner PH angehängt.

A. THEORETISCHER TEIL

1. Zur Begriffserklärung und Definition

Die Phraseologie hat besonders in den letzten Jahrzehnten an Bedeutung gewonnen, was sich in zahlreichen Arbeiten und Aufsätzen zu verschiedenen Gesichtspunkten dieses wissenschaftlichen Gebiets widerspiegelt. Da sich diese Teildisziplin der Sprachwissenschaft so rasch entwickelt, ist auch nicht verwunderlich, dass viele Autoren voneinander abweichende Ansichten in Bezug auf die Begriffserklärung im phraseologischen Bereich vertreten. Daher ist es von größter Bedeutung, dieser Arbeit eine solide theoretische Grundlage zu verleihen, damit die vorliegenden Ausarbeitungen übersichtlich erscheinen und leicht nachvollziehbar sind.

Das folgende Unterkapitel bietet einen Einblick in die Definitionen, die dieser Arbeit als theoretische Basis zugrunde liegen. Zuerst einmal wird das Problem der Nomenklatur und der Definition in Bezug auf den Terminus „Phraseologismus" umrissen. Anschließend wird eine für diese Arbeit gängige Definition von PH vorgeschlagen, auf der alle hier entstandenen Ergebnisse aufbauen. In den letzten zwei Unterkapiteln wird auf die geographischen Namen in der Onomastik und auf den Begriff der Übersetzbarkeit kurz eingegangen, der als Schlagwort im Titel der vorliegenden Arbeit vorkommend eine nähere Betrachtung und Erklärung verlangt.

1.1 Zum Begriff des Phraseologismus

1.1.1 Zur Terminologie

Weltweit werden heutzutage Ausdrücke gebraucht, die entweder auf das griechisch-lateinische *phrasis* als „rednerischer Ausdruck" oder auf das griechische *idiōma* als „Eigentümlichkeit, Besonderheit" rekurrieren. Bei dem ersten handelt es sich um Wörter wie „Phraseologie" und „Phraseologismus", bei dem zweiten um „Idiom" und „Idiomatik." Ältere Wörterbücher beschreiben den Begriff „Phraseologismus" als „inhaltsleere Schönrednerei." In neueren Nachschlagewerken hingegen wird dieser Begriff als „feste Wortbindung, Redewendung" lemmatisiert. Die Verwendung des Terminus PH ist vorrangig der sowjetischen Forschung zu verdanken. Die Wortfamilie „Idiom" wird dagegen durch das „Eigentümliche, Besondere" gekennzeichnet. Der Ausdruck „Idiomatizität" erscheint im Deutschen erst in den

50er Jahren des 20. Jahrhunderts in Anlehnung an das englische „idiomaticity" (vgl. FLEISCHER 1982:8ff.).

1.1.2 Zur Definition

Wie bereits erwähnt, ist die Phraseologie eine relativ junge wissenschaftliche Disziplin, weshalb auch verständlich ist, dass sowohl die Terminologie als auch der Begriff des PH selbst nicht unumstritten bleiben. Da ein expliziter Überblick über den Phraseologiebereich durch die Jahrzehnte hindurch nicht das angestrebte Ziel dieser Arbeit ist, werden hieran lediglich die gängigsten Einführungen in das Phraseologiefeld von Harald BURGER, Christine PALM und Wolfgang FLEISCHER in Betracht gezogen. Anschließend soll sich ein Phraseologismusbegriff herauskristallisieren, der die Grundlage dieser Arbeit bilden wird.

BURGER (2003) nennt zwei Haupteigenschaften, die einem PH (auch feste Wortverbindung oder phraseologische Wortverbindung genannt) zuzuschreiben sind: Polylexikalität (der PH besteht aus mehr als einem Wort) und Festigkeit (der PH ist genau in dieser Kombination von Wörtern – mit Ausnahme von deren Varianten – der Sprachgemeinschaft geläufig). Diesen Bereich nennt er Phraseologie im weiteren Sinne. Wenn zu diesen zwei Eigenschaften noch eine dritte – nämlich die Idiomatizität – hinzukommt, spricht man von Phraseologie im engeren Sinne. Die Idiomatizität liegt dann vor, wenn eine Diskrepanz zwischen der phraseologischen Bedeutung und der wörtlichen Bedeutung des ganzen Ausdrucks besteht. Zugespitzt ausgedrückt: Ein PH weist Idiomatizität auf, wenn die Gesamtbedeutung des PH nicht aus den einzelnen Bedeutungen seiner Bestandteile ableitbar ist, z.B. *über den Jordan gehen*. Auch wenn man die einzelnen Lexeme und dadurch den wörtlichen Sinn dieses Ausdrucks versteht, heißt das noch lange nicht, dass man die phraseologische Bedeutung („sterben"; D11) erschließen kann. Die Idiomatik muss aber nicht gegeben sein (wie z.B. bei Kollokationen oder Zwillingsformeln) (vgl. 23ff.).

PALM (1995) beschreibt als PH ein Mittel zur Erweiterung des Wortschatzes und Verarbeitung der Welt, mit dem Einstellungen, Emotionen u.a. beschrieben werden können. Phraseologie wird folglich zum mentalen Lexikon einer Sprache.

Die zentralen Einheiten der Phraseologie sind nach PALM Phraseme (auch Idiome genannt). Sie definiert Phraseme als Wortgruppen mit unterschiedlicher syntaktischer Funktion und mit mehr oder weniger ausgeprägter Idiomatizität (die Umdeutung der Komponenten), die nicht satzwertig sind, aber sein können. Im Vergleich zu den beiden anderen Autoren kommen die Idiome bei PALM entweder als voll- oder teilidiomatisch vor. Ein Phrasem sollte ebenso wie bei BURGER polylexikalisch sein, also aus mindestens zwei Lexemen bestehen. Die Verknüpfung dieser Lexeme kann regulär oder irregulär sein, d.h. eine freie und/oder eine übertragene Bedeutung zum Ausdruck bringen (vgl. 1ff.).

FLEISCHER (1982) fasst unter dem Begriff PH (und daneben auch „feste" Wendung, feste Wortverbindung/Wortgruppe) Konstruktionen zusammen, die als Mehr-Wort-Strukturen (Wortgruppen oder Sätze) fungieren, also polylexikalisch sind. Sie sind „feste" syntaktische Konstruktionen und besitzen die Merkmale einer gewissen Idiomatizität und Stabilität. Von Idiomatizität kann nach FLEISCHER dann gesprochen werden, wenn zwischen der Gesamtbedeutung einer Konstruktion und ihren Einzelelementen keine Motivation („reguläre Beziehung") besteht. Sie kann mehr oder weniger ausgeprägt sein. Mit Stabilität ist gemeint, dass die einzelnen Bestandteile des PH nicht veränderbar sind. Zwei weitere Merkmale der PH sind ihre Reproduzierbarkeit (der PH wird als fertige/fixe Einheit reproduziert und nicht produziert) und Lexikalisierung (die Speicherung im Lexikon) (vgl. 29ff.).

Trotz bemerkbarer Unterschiede zwischen den erwähnten Auffassungen des Begriffs PH werden einige Hauptmerkmale der PH ersichtlich. Die Definition des PH, die dieser Arbeit zugrunde liegen soll, lautet folgendermaßen: Ein Phraseologismus ist eine Mehr-Wort-Struktur (besteht aus mindestens zwei Wörtern), die eine starke Stabilität (Festigkeit, Usualisierung) aufweist und bei der die Idiomatizität mehr oder weniger ausgeprägt ist. Weitere Merkmale der PH sind ihre Reproduzierbarkeit und Lexikalisierung. Während die Idiomatizität keine maßgebliche Rolle spielt (was im Widerspruch zu PALMs Auffassung steht; sie zählt nämlich die nicht-idiomatischen Wendungen nicht zu PH), ist die Stabilität und der Grad der Usualisierung eines PH von primärer Bedeutung.

Was die Klassifikation der PH anbetrifft, stellen die Klassifikationen von BURGER (2003) und FLEISCHER (1982; 2001) die populärsten und aufschlussreichsten Gliederungsvorschläge dar. BURGER versucht eine recht exakte und möglichst viele PH umfassende Klassifikation zu schaffen, wohingegen bei FLEISCHER der Fokus auf vier Hauptgruppen liegt. Die beiden Autoren schlagen auch neue Gruppen von stabilen Konstruktionen vor, die bei dem jeweils anderen Autor nicht vorkommen wie z.B. Korrekturformeln bei FLEISCHER (2001) oder Autophraseologismen bei BURGER (2003).

Im Hinblick darauf muss noch erwähnt werden, dass es ebenfalls andere Klassifikationsvorschläge innerhalb der PH gibt, die beispielsweise das syntaktische Kriterium in den Mittelpunkt rücken.[2] Der in diesem Abschnitt angeführte Umriss der Begriffserklärung sowie Klassifikationen von PH stellt also lediglich einen Ausschnitt aus vielen Definitionsversuchen und Klassifikationsvorschlägen von zahlreichen Autoren dar.

---

2 Siehe dazu FIX (1979).

1.1.3 Motiviertheit

Mit Motiviertheit ist gemeint, dass die Bedeutung eines PH aus den Bedeutungen seiner Komponenten erschließbar ist. Motiviertheit bildet den Gegenbegriff zur Idiomatizität. Je stärker ein PH motiviert ist, umso schwächer ist seine Idiomatik und umgekehrt. Der PH kann auf verschiedene Weise „verstehbar" sein, wie BURGER berichtet:

- Die Bedeutung des PH ist erschließbar, da er bei bestimmten Sprechern Assoziationen hervorruft.
- Die Bedeutung des PH ist durch den Kontext erkennbar. Die Bedeutung des PH leuchtet dem Sprecher ein, da er seine Etymologie kennt, z.B. *der Gang nach Canossa.*
- Der PH ist leicht zu verstehen, da die Bedeutung einzelner Komponenten die Gesamtbedeutung des PH ergibt (vgl. 2003:66ff.).

Als motiviert sollen also Idiome gelten, die über eine semantische Basis verfügen. Die semantische Basis sind diejenigen Wörter, die in ihrer nicht-idiomatischen Bedeutung am Zustandekommen des PH beteiligt sind. Bei den nicht-idiomatischen PH ist die semantische Basis identisch mit der phraseologischen Bedeutung (vgl. ebd.).

1.1.4 Idiomatizität

Die Idiomatizität zeigt sich darin, dass die Summe der phraseologischen Bedeutungen der Summe der Bedeutungen einzelner Elemente des PH nicht entspricht. Somit existiert eine semantische Diskrepanz zwischen der Gesamtbedeutung des gesamten PH und seinen Bestandteilen. Um nur ein Beispiel herauszugreifen:

Leben wie Gott in Frankreich

Die Gesamtbedeutung dieses PH lässt sich nicht aus der Bedeutung seiner einzelnen Komponenten erschließen. Auch wenn man jedes Wort versteht, den PH aber nicht kennt, ist die Wahrscheinlichkeit, dass die Gesamtbedeutung dabei aufgedeckt wird, nämlich „im Überfluss, sorglos leben" (DUDEN), gering.

Ein anderes aufschlussreiches Beispiel führt FLEISCHER an:

a) Gustav hat bei seinem Vater ein Auto in der Garage.

b) Gustav hat bei seinem Vater einen Stein im Brett.

Diese beiden Sätze, die eine gleiche syntaktische Struktur aufweisen, unterscheiden sich auf Grund verschiedener Bedeutungsstrukturen voneinander. Im Satz a) besteht zwischen der Bedeutung des gesamten Satzes und dessen Satzgliedern ein reguläres Verhältnis, wohingegen im Satz b) dieses Verhältnis irregulär ist und die Wörter „Stein" und „Brett" nicht an der Gesamtbedeutung der Wortkomponenten beteiligt sind. Die Bedeutung „bei jmdm. sehr beliebt sein" bezieht sich nur auf den Wortverband *bei jmdm. ein Stein im Brett haben.* Daher gilt dieser Ausdruck als PH. In diesem Falle ist der Grad der Idiomatizität ziemlich hoch, da zwischen den beiden Sememen „Stein" und „Brett" kein semantischer Zusammenhang besteht. Die interne semantische Beziehung zwischen den beiden Komponenten ist nicht nachvollziehbar (vgl. 1982:35ff.).

Zusammenfassend kann man zu dem Schluss kommen, dass die Idiomatizität eine Diskrepanz zwischen der phraseologischen und freien Bedeutung des gesamten Phraseolexems darstellt. Je stärker die Diskrepanz, umso stärker ist die Idiomatizität des phraseologischen Ausdrucks.

1.1.5 Stabilität

Der Terminus „Stabilität" hängt eng mit der Idiomatizität zusammen. Die Idiomatizität eines PH setzt voraus, dass der Austausch der phraseologischen Komponenten äußerst begrenzt möglich ist. Dies würde meist dazu führen, dass der PH seinen idiomatischen Inhalt verlieren würde. Auf die Gesamtbedeutung setzen sich konkrete einzelne lexikalische Elemente zusammen.

Zur Veranschaulichung dieses Phänomens wird folgendes Beispiel angeführt:

a) Sie trägt Eulen nach Athen.

b) Sie trägt viel Gepäck nach Athen.

Das Beispiel a) zeigt auf, dass, sobald eine Komponente des PH gegen ein beliebiges Lexem ausgetauscht wird, die lexikalisch-semantische Stabilität verloren geht. Die PH, die eine starke Idiomatizität aufweisen, sind oft schwerer bzw. gar nicht veränderbar. Die Substitution einer Komponente blockiert die phraseologische Bedeutung und aktiviert eine andere Lesart des Phraseolexems.

FLEISCHER nennt ebenfalls andere Fälle, bei denen die Stabilität eine Rolle spielt (vgl. 1982:37):

- phraseologisch gebundene Wörter („unikale Komponenten"),
- die Stabilität nichtidiomatischer Komponenten (z.B. Wortpaare wie *Leib und Seele*).

Es soll aber auch zur Kenntnis genommen werden, dass das Problem der Stabilität nicht als pauschal zu betrachten ist. Der Begriff der Variabilität, auf den hier nicht explizit eingegangen wird, ist ebenfalls relevant und wirft ein neues Licht auf die Frage nach der Stabilität. Es handelt sich hierbei um einen Prozess, der okkasionelle, individuelle oder textgebundene Modifikationen des PH erlaubt. Es geht somit um Idiome, die entweder einem Sprachbenutzer in einer anderen Form geläufig sind (z.B. *Bier nach Dortmund/München tragen*) oder die einem absichtlichen Veränderungsprozess unterzogen wurden, der bestimmte Assoziationen hervorrufen soll (z.B. Wortspiele). Das letzte Verfahren wird oft in der Sprache der Werbung angewandt.

1.2 Klassifizierung von geographischen Eigennamen in der Onomastik

Die Namenforschung (Onomastik) ist eine Disziplin, die sich mit der Bedeutung, Herkunft und Verbreitung von Namen beschäftigt. Als Teildisziplin der Sprachwissenschaft beschreibt sie spezifische Eigenschaften der Eigennamen (EN). Innerhalb der Onomastik lassen sich verschiedene Gruppen von EN erkennen. Gerhard BAUER verwendet für die Einteilung der EN ihre pragmatische Funktion als Kriterium. Seine Hierarchie orientiert sich an der „Bewertung der den Namen als Referenten zugrunde liegenden Bestandteile der objektiven Realität" (1985:51ff.):

- der Mensch als Referent – Personennamen (Anthroponyme)

Sie bilden die womöglich wichtigste und umfangreichste Klasse der EN. Da Personen sowohl als Individuen als auch als Kollektive den Gegenstand der Benennung darstellen können, unterscheidet man zunächst zwischen Individualnamen und Kollektivnamen. Innerhalb der Individualnamen kommen u.a. Namen vor, die entweder aus Vor- und Nachnamen bestehen (*Klaus Müller*) oder aus einem Vor-

und Beinamen, der den Ort der Abstammung bezeichnet (*Wolfram von Eschenbach*). Zu dieser Gruppe gehören ebenfalls Decknamen (Pseudonyme) wie etwa *Mark Twain* (anstelle von Samuel Langhorne Clemens).

Die Personenkollektive hingegen fokussieren auf solchen Namen wie Völkernamen (*die Friesen*), Namen für Parteien und Massenorganisationen (*die CDU*), Namen für Sport und Kulturverbände (*die FIFA*) oder Namen künstlerischer Ensembles (*die Rolling Stones*).

- der Lebensraum des Menschen als Referent – Örtlichkeitsnamen (Toponyme)

In dieser Kategorie (oft Ortsnamen genannt) werden solche Gruppen zusammengefasst wie: Gewässernamen (Hydronyme), z.B. *der Bodensee*; Gebirgsnamen (Oronyme) wie etwa *die Alpen*; Gemarkungs- und Flurnamen (Mikrotoponyme im eigentlichen Sinne) wie *Marlach*. Überdies gehören zu dieser Gruppe auch Ländernamen (*Polen*), Landschafts- und Gebietsnamen (*das Elsass*) und sämtliche Siedlungsnamen (*Leipzig*). Diese Klassifizierung hängt vom Interesse des Klassifizierenden ab und kann weiterhin um Straßennamen, Burgennamen usw. erweitert werden.[3]

- vom Menschen verfertigte Objekte als Referenten – Objektnamen (Ergonyme)

Diese Namensklasse ist weniger geläufig als die anderen. Es handelt sich hierbei um Namen für vom Menschen geschaffene, der Produktion dienende Einrichtungen: Fabriknamen (*die Mannheimer Verkehrsbetriebe*), Genossenschaftsnamen (*LPG Frohe Zukunft*), Namen für Kultur- und Bildungseinrichtungen (*die Freie Universität Berlin*) und Namen für militärische Objekte (*die Maginot-Linie*). Eine nächste Gruppe bilden die vom Menschen geschaffenen Produkte: Erzeugnisnamen (*Portland Zement*) und Namen für geistige Erzeugnisse (*die Times, die Mona Lisa*).

- vom Menschen getragene Aktivitäten als Referenten – Ereignisnamen (Praxonyme)

Zu dieser Gruppe zählen alle Namen, die zur Bezeichnung von historischen, politischen, wirtschaftlichen, kulturellen sowie militärischen Ereignissen verwendet werden, als deren Träger, Teilnehmer und Betroffene Menschen gelten können.

---

[3] Manche Autoren rechnen dieser Kategorie auch astronomische Namen (Astronyme) zu; zum Zwecke dieser Arbeit wird hier diese Ansicht ebenfalls vertreten.

Diese Klasse sollen folgende Beispiele veranschaulichen: *der Dreißigjährige Krieg, die Völkerschlacht bei Leipzig, die Französische Revolution, die Olympiade, der Barock, der Weltwirtschaftsgipfel von Tokyo.*

- vom Menschen unabhängige Ereignisse als Referenten – Phänomennamen (Phänonyme)

Phänonyme bilden die letzte Klasse der EN. Hieran werden Namen aufgelistet, welche die Phänomene der Umwelt beschreiben, auf die der Mensch keinen Zugriff hat: Taifune (*Flora*), Sturmfluten (*der blanke Hans*), Feuersbrünste (*der rote Hahn*), Planeten-, Kometen-, Stern- und Sternbildnamen (*Venus, Orion, Milchstraße*). Fortschritte in der Wissenschaft sollen zur Erweiterung dieser Kategorie einen großen Beitrag leisten.[4]

1.3 Der Begriff der Übersetzbarkeit

Nach Radegundis STOLZE (1997) wird in der modernen Linguistik davon ausgegangen, dass sich alles in jeder Sprache ausdrücken lasse. Demzufolge reduziert man den Übersetzungsvorgang auf seine linguistischen Grundkomponenten und kommt zu dem Schluss, dass man jeden Text in irgendeiner Form übersetzen könne (vgl. 45f.). Krzysztof LIPIŃSKI (2004) vertritt ebenso die Meinung, dass alles (sogar die Poesie) übersetzbar sei. In seinem Buch „Mity przekładoznawstwa“ verwendet er interessante Beispiele wie das Gedicht von Julian TUWIN „Lokomotywa“ („Die Lokomotive“) und dessen Übersetzung ins Deutsche. Dieses Gedicht ist insofern schwer in eine andere Sprache zu übertragen, als es zahlreiche onomatopoetische Ausdrücke in sich fasst, die den wichtigsten Teil dieses Textes ausmachen, nämlich die Reime, wodurch sie dem Gedicht die Dynamik eines fahrenden Zuges verleihen. Solche Fälle stellen stets ein großes translatorisches Problem dar.

Hierbei wird ein relevantes Problem angesprochen. Man kann fast alles übersetzen, indem verschiedene Methoden z.B. erläuternde Angaben in der Fußnote angeführt werden. Bei dem Translationsprozess eines Gesamttextes geht jedoch immer etwas verloren, seien es die Reime, sei es die Knappheit des Textes oder ein phraseologischer Ausdruck.

---

4 Verschiedene Autoren widersprechen sich an dieser Stelle und ihre Klassifikationsvorschläge der Eigennamen weichen damit teilweise voneinander ab; siehe z.B. die Klassifikation von WALTHER (2003).

Miorita ULRICH (1997) führt diese These noch weiter und hebt folgendes hervor: „Die Bedeutungen der Ausgangssprache sind ... die bezeichnete Realität, die als solche auch nicht ‚übersetzt', sondern mit Hilfe von Bedeutungen der Zielsprache metasprachlich analysiert und beschrieben bzw. dargestellt oder nachgebildet wird" (137). Infolge dessen ist es möglich, ein Äquivalent in der Zielsprache (ZS) zu finden, das mit der Bedeutung der Ausgangssprache (AS) „völlig" übereinstimmt, es jedoch oft nicht vermag, eine andere Realität widerzuspiegeln. Das Translat, das als Ergebnis der Übersetzung bzw. Übertragung [5] fungiert, stellt mithin oft eine Art Konsens mit dem Original dar, wobei man translatorische Verluste in Kauf nehmen muss.

Dies lässt sich am Beispiel von PH mit EN recht gut verdeutlichen. Phraseologische Einheiten mit EN (die im Laufe dieser Arbeit ausführlicher beschrieben werden) enthalten für ein bestimmtes Volk spezifische Realienbezeichnungen, die nicht selten anderen Kulturen fremd erscheinen. Solche Realien wie etwa volkstümliche Sagen, Legenden, Lieder oder historische Geschehnisse sind in vielen Völkern unterschiedlich und wirken sich auf die Identität des Volkes aus. Der PH *Rom ist auch nicht an einem Tag erbaut worden* könnte mit Hilfe des polnischen Idioms *nie od razu Kraków zdubowano* übersetzt werden. Das Problem liegt jedoch darin, dass hinter den beiden PH ein anderes Bild, eine andere kulturspezifische Vorstellung steckt. Die Bedeutung ist ermittelt worden, es lässt sich aber nicht eindeutig feststellen, dass die beiden Idiome die gleichen Konnotationen hervorrufen, da sie eine andere Realität beschreiben und in einem anderen kulturellen Kontext verankert sind.[6]

Nach Meinung verschiedener Autoren gilt der phraseologische Bereich als unübersetzbar, wie Marek LASKOWSKI hervorhebt, indem er schreibt, dass „u podstaw struktur frazeologicznych leży wszystko to, co czyni język danego kraju ściśle zależnym od historii, religii, obyczajów, tradycji literackiej, ... itp. Wszystkie te elementy stanowią o poziomie semantycznym, co wpływa na ogólnie przyjętą teorię nieprzekładalności tego zakresu leksykalnego" (2005:662) (der Struktur eines PH liegt all das zugrunde, was zwischen der Sprache des jeweiligen Landes und seiner Geschichte, Religion, literarischen Tradition sowie seiner Sitten ... usw. Brücke schlägt. All diese Bestandteile schlagen sich auf der semantischen Ebene nieder, was in der allgemein akzeptierten Theorie von der Nicht-Übersetzbarkeit dieses lexikalischen Bereiches resultiert; übersetzt aus dem Polnischen von MK).

---

5 Übertragung wird manchmal als ein separates Gebiet verstanden, das sich auf die Übersetzung eines mehrdimensionalen poetischen Textes bezieht. Siehe dazu SULIKOWSKI (2005).

6 Zur vielseitigen Darstellung der Übersetzungsproblematik von phraseologischen Einheiten siehe SABBAN (1999).

Daran ist beispielsweise die Arbeit von Aleksandr M. BABKIN (1979) anzuschließen, der behauptet, dass die PH (er versteht darunter die Gesamtheit aller idiomatischen Gruppen) nationalspezifische Eigenschaften tragen und die kulturelle Einzigartigkeit einer jeden Nation widerspiegeln. Diese Behauptung nimmt einen starken Bezug auf den Humboldt'schen Geist der Völker, der gerade durch die Sprache zum Ausdruck kommt.

Die Ansicht über die Kulturspezifik des phraseologischen Bereiches teilt auch Veronika N. TELIJA, die auf die bildliche Motivation dieser Wendungen verweist und ihnen nationspezifische Charakteristika eindeutig zuspricht (vgl. 1996:214f.).

Dem widerspricht Dmitrij DOBROVOL'SKIJ, der dazu aufruft, nicht alle Idiome grundsätzlich als kulturspezifisch und einer Nation eigentümlich einzuschätzen, da dies bei solchen Wendungen wie z.B. *jmdm. stehen die Haare zu Berge* nur schwer nachvollziehbar wäre. Die Annahme, alle PH als kulturspezifisch einzustufen, führt er auf fehlende Kriterien bei der Betrachtung eines solch vielseitigen Phänomens wie PH zurück (vgl. 1999b:42).

Auch Anna WIERZBICKA (1992) lehnt die Möglichkeit ab, den Begriff der Kulturspezifik auf den gesamten phraseologischen Bereich übertragen zu können. Stattdessen unterscheidet sie zwischen Idiomen, die kulturell markiert sein können sowie solchen, deren Bedeutung „regulär", also nicht kulturell bedingt ist (vgl. 45).

Zum Zwecke dieser Arbeit wird somit der Begriff „Übersetzbarkeit" in Bezug auf phraseologische Einheiten mit Toponymen eingeführt, der vielmehr eine Art Suche nach phraseologischen Äquivalenten verkörpern soll und nicht den Versuch, die fremdsprachliche Realität des PH in Bezug auf die Kulturspezifik ohne translatorische Verluste wiederzugeben.

1.4 Der Begriff des Phraseologismus mit Toponym

Unter dem Begriff „Phraseologismus mit Toponym" werden im Rahmen dieser Arbeit Idiome gefasst, die einen Gewässernamen, z.B. *der Bodensee*, die Gebirgsnamen wie etwa *die Alpen*, Gemarkungs- und Flurnamen wie *Marlach*, Ländernamen (*Polen*), Landschafts- und Gebietsnamen wie *das Elsass* sowie sämtliche Siedlungsnamen (*Leipzig*) beinhalten. Zu dieser Kategorie werden auch PH mit astronomischen Namen wie beispielsweise *der Mond* gezählt.

Was meist als relevant erscheint, ist eine solide Abgrenzung zwischen den Lexemen, die als Toponyme aufgefasst werden können und denen, die ihre Herkunft einem geographischen Namen verdanken, selbst aber kein Toponym sind.

Demzufolge werden in dieser Arbeit unter PH mit Toponymen solche phraseologischen Wendungen verstanden, die toponymische Substantive wie etwa *Polen, Rom* und adjektivische Derivate wie z.B. *spanisch, Hornberger* usw. beinhalten und nicht solche, die Völkernamen wie etwa *Chinese* oder *Preuße* bezeichnen. Die Völkernamen umfassen die nationale Herkunft und nehmen daher keinen direkten Bezug auf geographische Orte. Auf die Analyse dieser phraseologischen Gruppe wird im Rahmen dieser Arbeit verzichtet.

2. Zum Forschungsstand

2.1 Phraseologie und Onomastik

Phraseologie und Onomastik scheinen auf den ersten Blick Disziplinen zu sein, die nichts miteinander zu tun haben. Erst bei näherem Hinschauen erweist sich diese Annahme als falsch. Es reicht den phraseologischen Bereich jeder Sprache exakter zu betrachten und man wird sich der Tatsache bewusst, dass PH, die onymische Komponenten enthalten, eine relativ große Gruppe des phraseologischen Bestands bilden.

Eine problematische Aufgabe in diesem Bereich bildet die Abgrenzung zwischen nicht-phraseologischen Wortgruppen mit EN und Wortgruppen, die EN beinhalten und zugleich PH sind. Es besteht ein wesentlicher Unterschied zwischen der onymischen Wortgruppe *deutsche Wirtschaft* und dem PH *polnische Wirtschaft.* Das erste Beispiel bezeichnet das gesamte Wirtschaftssystem Deutschlands, wohingegen das zweite einen PH mit der Bedeutung „Schlamperei, Durcheinander, Unordnung" (D11) meint (dieser Ausdruck verfügt ebenfalls über eine andere – wörtliche – Lesart). Phraseologische Wortverbindungen bezeichnen somit einen Gegenstand auf eine indirekte Weise, wodurch sie sich von freien Wortverbindungen abgrenzen lassen.

Anhand verschiedener Publikationen kann man zu der Ansicht gelangen, dass die meisten PH ihren onymischen Charakter bereits verloren hätten. Dies wird dadurch ersichtlich, dass die Sprecher oft weder Kenntnisse über die kulturellen Hintergründe besitzen noch den etymologischen Aspekt der phraseologischen Wendungen mit EN wahrnehmen. In diesem Zusammenhang muss auch erwähnt werden, dass es nur wenige Autoren gibt, die dieses Thema in ihr Untersuchungsfeld rücken. Einer der Germanisten, der sich mit diesem linguistischen Problem recht intensiv beschäftigt, ist Csaba FÖLDES. Daher werde ich mich hiermit an seine Klassifikation der PH mit EN (FÖLDES 1985) anlehnen. In Anbetracht des Ursprungs der EN als phraseologische Komponenten differenziert er sechs Gruppen von PH mit EN:

- Idiome, die deutsche Realienbezeichnungen enthalten, z.B. *sich wie ein Reiter auf dem Bodensee fühlen* (sich wie jmd. fühlen, der etw. unternimmt, über dessen Gefährlichkeit, Tragweite er sich nicht im Klaren ist; D11), *der Nürnberger Trichter* (eine Lernmethode, bei der sich der Lernende nicht anzustrengen braucht, sondern bei der ihm der Stoff mehr oder weniger mechanisch eingeflößt, eingetrichtert wird; D11),

- Phraseologische Wendungen, in denen fremdsprachige Realienbezeichnungen vorkommen, wie etwa *babylonische Sprachverwirrung* (Vielfalt von Sprachen, die an einem Ort gesprochen werden und deren Sprecher einander nicht richtig verstehen; D11), *sein Waterloo erleben* (eine schlimme, vernichtende Niederlage erleben; D11),

- Phraseologische Einheiten, die aus der Antike oder der Mythologie stammende EN in sich fassen, z.B. *auf dem hohen Olymp sitzen* (durch die eigene Überschätzung sehr arrogant und herablassend anderen gegenüber sein; niemanden an sich herankommen lassen; RÖ),

- PH, die biblische EN beinhalten, z.B. *Sodom und Gomorrha* (ein Ort, Zustand höchster Verderbtheit und Unmoral; D11),

- Idiomatische Konstruktionen, die aus anderen Sprachen entlehnt worden sind, z.B. *Holland ist in Not* (da ist man in großer Bedrängnis, da ist man ratlos; D11),

- Phraseologische Fügungen oder Varianten, die außerhalb Deutschlands (in der Schweiz oder Österreich) entstanden sind wie etwa *Wasser in die Limmat tragen* (etw. ganz Überflüssiges, Vergebliches tun; RÖ).

FÖLDES schenkt der ersten Gruppe die größte Aufmerksamkeit und teilt diese wiederum in:

- Idiome, in denen der EN mit geschichtlichen Fakten sowie historischen Persönlichkeiten in Verbindung steht, z.B. *hausen wie die Vandalen* (mutwillig Schaden anrichten, sich verhalten wie die Barbaren; RÖ),

- phraseologische Wendungen mit Toponymen (geographischen Namen), z.B. *wie Gott in Frankreich leben* (im Überfluss leben; D11),

- PH, die ihre Quelle in der Literatur haben; dabei kann es sich sowohl um literarische Werke als auch um einen bestimmten Dichter, Schriftsteller etc. handeln, z.B. der PH *etwas ist faul im Staate Dänemark* (da stimmt etwas nicht, da ist etwas nicht in Ordnung; D11), der auf Shakespeares „Hamlet" zurückgeht.

- Redensarten, die auf volkstümliche Sagen, Legenden, Lieder, Spiele usw. zurückgehen wie etwa *vorankommen wie die Echternacher Springprozession* (nur mühsam und mit beständigen Rückschlägen; RÖ),

- PH, die sehr populäre männliche Namen in sich fassen, z.B. *Otto Normalverbraucher* (der statistische Durchschnittsmensch, der Durchschnittskonsument; D11),

- Idiome, in denen auf humorvolle Art solch ein EN vorkommt, der in der Realität gar nicht existiert, z.B. *aus/von Dummsdorf sein* (dumm sein; D11) (vgl. 1985:176ff.).

Überdies lässt sich noch hinzufügen, dass manche EN innerhalb eines PH ihren Eigennamencharakter bewahren wie z.B. *weise wie Salomo* (sehr weise[7]) oder *so alt wie der Böhmerwald* (sehr alt). Sie bilden vorwiegend sprichwörtliche Vergleiche. Andere PH hingegen sind deonymisiert, d.h. sie sind nur genetisch als EN zu betrachten: *feuriger Elias* (fauchende, funkensprühende Lokalbahn), *blauer Anton* (Monteuranzug, Arbeitsanzug des Maschinisten) (vgl. ebd.).

Im Gegensatz zu Appellativa haben die EN eine identifizierende Funktion. Sie benennen Individualitäten, Einzellebewesen und Einzelobjekte. Dies kann mit folgendem Zitat hervorgehoben werden: „Eigennamen in Phraseologismen verlieren überwiegend ihre individualisierende und identifizierende Funktion und damit auch ihren Eigennamencharakter, da sie dazu dienen, Personen, Ereignisse, Situationen zu charakterisieren und zu typisieren und oft als Prädikativa oder Adverbialia auftreten“ (STARKE 1996:10). Wie normale Lexeme verfügen sie über eine Ausdrucks- und Inhaltsebene, vom Wort unterscheiden sie sich hingegen dadurch, dass sie nicht die Klasse, sondern das Individuum bezeichnen und dass sie nicht klassifizieren, sondern identifizieren (vgl. LASKOWSKI 2003:62).

Darüber hinaus soll angemerkt werden, dass die onymischen PH nicht mehr so produktiv sind und sich vorrangig nur noch in der Literatur finden lassen. Diese Gruppe von PH ist jedoch nicht, wie FÖLDES behauptet, vom Aussterben bedroht. Er nennt Beispiele, die sowohl auf bedeutsame geschichtliche Ereignisse Bezug nehmen wie etwa die Konstruktion *Molotow-Cocktail* (Brandflasche zur Panzerbekämpfung), die insbesondere durch den sog. Winterkrieg zwischen der Sowjetunion

---

[7] Die Erläuterung der Biespiele zitiert nach FÖLDES (1985).

und Finnland 1939/40 das lexikographische Interesse auf sich richtete [8] als auch zahlreiche Neubildungen, die scherzhafte Konnotationen hervorrufen, z.B. *Venus von Kilo* (beleibte Person), wodurch eine humorvolle Anspielung auf *Venus von Milo* entsteht (vgl. 1985:178).

2.1.1 Toponyme als phraseologische Komponenten

Wie jede Sprache verfügt auch das Deutsche über einen großen Bestand von PH mit EN. Die größte Gruppe bilden wohl die onymischen Wendungen mit Personennamen als phraseologische Komponenten. Eine umfangreiche Gruppe bilden zudem phraseologische Wendungen mit geographischen Namen (Toponymen). Unter Toponymen werden hier unterschiedlichste geographische Namen zusammengefasst wie etwa: Namen von Kontinenten, Ländern, Ortschaften, Regionen, Straßen, Gewässern, Gebirgen und auch astronomische Namen.

Der phraseologische Bestand jeder Sprache hängt mit der Kultur, Geschichte, Literatur und Traditionen des jeweiligen Landes zusammen, die besonders bei PH mit Toponymen ersichtlich werden. Unter etymologischem Aspekt differenziert FÖLDES (1996) acht Kategorien von phraseologischen Wendungen mit geographischen Namen:

- PH, die deutsche Toponyme in sich fassen, z.B. *eine echte Berliner Pflanze* (a) Berlingebürtige(r), b) aufgeweckte, lebenslustige junge Berlinerin; KÜ),

- Idiome, die nicht-deutsche geographische Namen enthalten, z.B. *viele Wege führen nach Rom* (es gibt mehrere Möglichkeiten, ein Ziel zu erreichen; D11),

- Redensarten, deren geographische EN auf die Mythologie oder die antike Sagenwelt rekurrieren, z.B. *auf dem hohen Olymp sitzen,*

- Phraseologische Wendungen mit Toponymen, die auf die biblische Welt zurückgehen wie etwa *Sodom und Gomorrha,*

- PH mit geographischen Namen, die aus der Literatur stammen, z.B. *fern von Madrid* (weitab vom eigentlichen Geschehen; D11),

---

[8] Dieses weicht von dem von FÖLDES vermuteten Ursprung der Konstruktion *Molotov-Cocktail* ab, die nach seinen Angaben auf die Ereignisse 1941/42 in der damaligen Sowjetunion zurückgeht.

- Phraseologische Einheiten mit Toponymen, denen historische Geschehnisse und geschichtliche Fakten zugrunde liegen, z.B. *den Rubikon überschreiten* (einen (strategisch) entscheidenden Schritt tun; D11),

- Deutsche Redensarten, die oft als phraseologische Varianten in Österreich oder in der Schweiz benutzt werden, z.B. *wenns Graz kost't* (um jeden Preis; WEHLE),

- Phraseologische Wendungen mit Toponymen, die aus anderen Sprachen entlehnt worden sind. In dieser Kategorie lassen sich zahlreiche Beispiele für Lehnübersetzungen finden, z.B. *das/ein Fenster auf Europa aufstoßen* (den Zugang zur europäischen Zivilisation eröffnen) (vgl. FÖLDES 1996: 219ff.).

FÖLDES (1996) schenkt – ähnlich wie bei seiner Klassifikation der PH mit EN – der Gruppe von PH mit deutschen Toponymen die größte Aufmerksamkeit und beschreibt sie in Anbetracht des genetisch-etymologischen Gesichtspunktes. [9] Er listet folgende Haupttypen auf:

- PH, die auf Ereignisse und Fakten der deutschen Geschichte zurückführbar sind, z.B. *jmd. versteht die Passauer Kunst* (jmd. vermag sich hieb-, stich- und kugelfest zu machen; RÖ),

- Idiome, die sich aus der Literatur her ableiten lassen, z.B. *Nürnberger Trichter* (eine Lernmethode, bei der sich der Lernende nicht anzustrengen braucht, sondern bei der ihm der Stoff mehr oder weniger mechanisch eingeflößt, eingetrichtert wird; D11),

- Toponymische phraseologische Einheiten, die auf alte Legenden, Spiele oder Märchen rekurrieren wie etwa *ein Schildbürger sein/aus Schilda kommen* (ein Mensch sein, der sich lächerlicher Mittel bedient, der dumme Streiche verübt, wie dies den Einwohnern von Schilda nachgesagt wird; RÖ),

- Idiome mit geographischen Namen, deren Komponenten außerhalb des PH nicht auftreten, z.B. *jmd. hat sein Lager bei Kandelsberg aufgeschlagen* (jmd., der oft

9 Aus Platzgründen wird auf eine explizite Beschreibung der Etymologie einzelner phraseologischer Beispiele verzichtet. Die Etymologie der im Rahmen dieser Arbeit angeführten idiomatischen Wendungen ist dem Anhang (A1) zu entnehmen.

im Bier- und Weinhaus sitzt; RÖ). Diese Untergruppe ist besonders produktiv in Bezug auf Namensscherze. Unter Namensscherzen versteht man „Redensarten, deren Bedeutung durch das Spiel mit einzelnen Namen oder Namenteilen zustande kommt, indem zum Beispiel formal gleiche oder ähnliche Elemente ... aufgrund des äußeren Gleichklangs in eine semantische Beziehung gebracht werden" (FÖLDES 1985:180). Hierzu sind folgende Beispiele anzuführen: *von Dummsdorf sein* (dumm sein; D11) oder *aus Schwarzburg sein* (unsauber, ein Schmutzbartel sein; RÖ) (vgl. FÖLDES 1996: 219ff.).

Was die Produktivität dieser Wendungen anbelangt, dominieren nach FÖLDES (1996) zahlenmäßig die Ortsnamen, was vor allem den Bezeichnungen deutscher Städte und erst zweitrangig ausländischer Großstädte zu verdanken ist. Beispiele hierfür sind: *nicht preußisch miteinander sein* (kein gutes Verhältnis haben; RÖ) oder *so spielt man in Venedig* (ein Ausruf beim Kartenspiel, wenn man in einem fort sticht und den Gegner auf diese Weise besiegt; RÖ). Seltener zu finden sind Namen von Ländern oder Kontinenten, z.B. *die Fleischtöpfe Ägyptens* (das Leben im Wohlstand, der materielle Gewinn; D11). Hydronyme wie etwa *Er will nach Rom und fährt den Rhein hinab* (er schlägt einen Weg ein, auf dem man nicht ans Ziel gelangen kann; RÖ) sind ebenfalls keine durch zahlreiche Beispiele repräsentierte Gruppe. Die Zahl der PH mit astronomischen EN und Gebirgsnamen ist noch geringer. Beispiele hierfür sind: *in den Mond gucken* (das Nachsehen haben, leer ausgehen; D11), *jmdn. auf den Blocksberg wünschen* (jmdn. verwünschen, sich jmdn. weit weg wünschen; RÖ).

Anhand von PH mit topographischen Namen lassen sich verschiedene interessante Phänomene feststellen. Wie bereits erwähnt, können innerhalb dieser phraseologischen Gruppe Namensscherze vorkommen, die aufgrund des gleichen Klanges zustande kommen wie z.B. *am Rheinfall von/bei Schaffhausen sitzen* (sehr schwere Übertölpelung; KÜ). Scherznamen entstehen dann, wenn kein echtes Toponym vorliegt, z.B. *nach Bettlach/nach Bettingen gehen* (zu Bett gehen; RÖ). Ein anderes charakteristisches Merkmal dieser phraseologischen Gruppe sind Euphemismen wie etwa *Gruß aus Solingen* (Messerstich im menschlichen Körper; KÜ).

Letzten Endes hebt FÖLDES die Rolle der Variabilität bei diesen PH hervor, z.B. *da ist Holland in Not/in Nöten* (da ist man in großer Bedrängnis, da ist man ratlos; D11). Andere Merkmale stellen die Polysemie und Synonymie dieser PH dar, vgl. *ausgehen wie das Hornberger Schießen* (a) eine Sache, aus der nach vielem Lärm viel nichts wird, b) wenn ein großer Aufwand aufgeboten wurde, ohne eine Wirkung zu erzielen, c) wenn man von einer Sache, die lange in aller Munde war, plötzlich nichts mehr hört; RÖ). Um die Synonymie zu veranschaulichen, wird hier das Beispiel *Eulen nach Athen tragen* angeführt. Für diesen PH existieren noch andere Varianten, die den gleichen Sachverhalt wiedergeben. Dies sind: *Bier nach Dortmund/München tragen, Tee nach China tragen, Wasser in die Elbe/Donau/Werra/den Rhein tragen* oder *Ablass nach Rom tragen.* All diese phraseologischen Wendungen beschreiben eine Handlung, bei der Dinge an einen Ort gebracht werden, die dort schon im Überfluss vorhanden sind und man tut damit also etwas Unnötiges (vgl. 219ff.).

2.1.2 Zu polnischen Übersetzungsäquivalenten der deutschen Phraseologismen mit Toponymen

Bei der Übersetzung der PH trifft man auf Probleme kultureller, pragmatischer, lexikalischer und semantischer Natur. Diese Schwierigkeiten liegen bereits im Wesen phraseologischer Wendungen begründet, die Ereignisse oder geschichtliche Gegebenheiten in Bezug auf ein bestimmtes Volk zur Geltung bringen. Es sind kulturspezifische Phänomene, die meist nicht auf andere Kulturkreise übertragbar sind. Bei der Übersetzung phraseologischer Wendungen hat der Translator eine schwierige Aufgabe zu bewältigen, um ein entsprechendes phraseologisches Äquivalent sowohl auf der semantischen als auch auf der pragmatischen Ebene für einen PH in der AS zu finden. Das Prinzip der Übersetzung der PH, die sich auf Äquivalenztypen stützt, ist auf konfrontative Studien zurückzuführen. In Anlehnung an LASKOWSKI (2004) wird hier zwischen drei Äquivalenztypen unterschieden:[10]

1. Phraseologische Nulläquivalenz

Man spricht von einer phraseologischen Nulläquivalenz,[11] wenn einem deutschen PH keine gleichwertige Entsprechung im Polnischen (ZS) zuzusprechen ist. Dies betrifft vorwiegend PH, die keine gleiche denotative Bedeutung (kontextunabhängige Hauptbedeutungen) haben, da sie sich auf typische Realien und Traditionen deutschsprachiger Länder beziehen. Daher bereitet die phraseologische Nulläquivalenz dem Translator die größten Schwierigkeiten. Bei diesem Äquivalenztyp ist weder die semantische noch die strukturelle Seite des PH mit ihrer zielsprachlichen Entsprechung identisch. Beispiele hierfür sind:

---

10 Unabhängig von Laskowski, ist der Begriff „Äquivalenz" in meinem Verständnis keineswegs mit der Systemäquivalenz zweier PH gleichzusetzen, also der systembasierten Übereinstimmung sowie der Möglichkeit, die beiden PH in denselben Kontexten einzusetzen. Es handelt sich hierbei vielmehr um vergleichbare denotative Bedeutungen sowie semantisch-strukturelle Ähnlichkeiten.

11 Auch wenn Laskowski an dieser Stelle mit „Äquivalenz" die semantisch-strukturellen Unterschiede im Sinne hat, können die Begriffe „Null-" sowie „Teiläquivalenz" zu irreführenden Schlussfolgerungen führen, nämlich dass ein Idiom, das eine andere Struktur sowie denotative Bedeutung aufweist, ein Null- oder Teiläquivalent bildet und sich demnach nicht als Übersetzungsäquivalent eignet. Deshalb wird zum Zwecke der vorliegenden Arbeit stets von phraseologischer Äquivalenz gesprochen.

jmdm. spanisch vorkommen (jmdm. verdächtig, seltsam erscheinen; D11)

hinter schwedischen Gardinen (im Gefängnis; D11)

Dazu werden sowohl PH gerechnet, die literarischer Abstammung sind wie

sich wie ein Reiter auf dem Bodensee fühlen (sich wie jmd. fühlen, der etw. unternimmt, über dessen Gefährlichkeit, Tragweite er sich nicht im Klaren ist; D11)

als auch Namensscherze, für die es selten phraseologische Äquivalente in anderen Sprachen gibt:

alldeutscher Gruß (mit dem Finger an die Stirn zeigen; vor allem unter Autofahrern verbreitet; damit will man seinem Gegenüber zu verstehen geben, dass man ihn für verrückt hält; KÜ[12]).

2. Partielle phraseologische Äquivalenz

Eine partielle phraseologische Äquivalenz tritt auf, wenn es in einer anderen Sprache ein PH mit derselben denotativen Bedeutung gibt, seine lexikalisch-grammatische Struktur jedoch anders ist. Ein Beispiel dafür ist:

aussehen wie der Tod von Basel/Warschau (erschreckend blass und elend aussehen; D11)

Eine mögliche Übersetzung dieses PH ist *wyglądać jak śmierć angielska* (dt.: aussehen wie der Tod von England[13]). Das Toponym „von Basel/Warschau“ wird mithin durch ein anderes Element – „angielska“ – ersetzt.

---

12 Die obige Bedeutungserläuterung aus dem KÜ scheint nicht aufschlussreich genug zu sein. Es handelt sich bei diesem PH um einen Vorgang, bei dem man mit dem Zeigefinger an sie Stirn tippt. Diese Bedeutung kommt mithin ausschließlich dem Zeigefinger zu. Die Geste, die durch Nutzung eines anderen Fingers entsteht, wird nämlich nicht als Beleidigung gewertet.

Bezüglich der Anzahl der PH mit Toponymen lässt sich im Deutschen ein wesentlicher Unterschied im Vergleich zum Polnischen häufig feststellen. Für eine überflüssige, sinnlose Tätigkeit hat das Deutsche mehrere phraseologische Ausdrücke wie z.B.:

Eulen nach Athen tragen, Tee nach China tragen, Wasser in die Elbe (Werra, Reuß, den Rhein, Limmat, Donau) tragen, Bier nach München (Dortmund) tragen, Ablass nach Rom tragen

Im Polnischen hingegen gibt es lediglich einen einzigen PH (ohne Toponym), der eine ähnliche Bedeutung enthält:

nosić drwa do lasu (dt.: Holz in den Wald tragen)

Wie früher schon angemerkt, kann es gelegentlich dazu kommen, dass manche PH mit Toponymen aus dem Deutschen mit Hilfe von PH mit Toponymen ins Polnische übersetzt werden können wie etwa:

dt.: *Rom ist auch nicht an einem Tag erbaut worden* (bedeutende Dinge brauchen ihre Zeit; D11)

poln.: *nie od razu Kraków zbudowano* (dt.: Krakau ist auch nicht auf einmal erbaut worden)

An dieser Stelle ist zu betonen, dass die polnischen partiellen phraseologischen Äquivalente der deutschen PH mit Toponymen zugleich totale phraseologische Entsprechungen anderer deutscher PH sein können:

dt.: *geh zum Blocksberg!* (eine abweisende Antwort, verschwinde!; zitiert nach LASKOWSKI (2004))

poln.: *idź do diabła* (dt.: geh zum Teufel!)

[13] Die an einigen Stellen angeführten deutschen Erklärungen sollen nicht als allgemeingültige Übersetzungsvorschläge verstanden werden. Sie dienen lediglich einer besseren Veranschaulichung des semantischen Inhalts der jeweiligen Wendung.

dt.: *preußischer als die Preußen sein* (übertrieben unerbittlich sein, eine bestimmte Richtung mehr als notwendig vertreten; RÖ)

poln.: *być bardziej papieskim od papieża* (dt.: päpstlicher als der Papst sein)

Um das Kriterium der partiellen phraseologischen Äquivalenz zu spezifizieren, nennt LASKOWSKI drei Bedingungen, die ein Paar von PH erfüllen muss, um als partielle lexikalische Äquivalente eingestuft zu werden (2004:599ff.):

- identische denotative Bedeutung,
- eine oder mehrere ihrer lexikalischen Komponenten weichen voneinander ab,
- ihre grammatischen Strukturen sind konvergent.

Wenn also zwei PH aus verschiedenen Sprachen eine gemeinsame denotative Bedeutung aufweisen und weder der lexikalische Aspekt noch die grammatische Struktur miteinander übereinstimmen, sind sie als partielle grammatische Äquivalente zu bezeichnen. Hierzu gehören:

dt.: *ausgehen wie das Hornberger Schießen* ((nach großer Ankündigung) ohne ein Ergebnis enden; D11)

poln.: *z małej chmury duży deszcz* (dt.: aus der großen Wolke kommt ein kleiner Regen)

dt.: *vorankommen wie die Echternacher Springprozession* (nur mühsam und mit beständigen Rückschlägen; RÖ)

poln.: *poruszać się jak mucha w smole* (dt.: sich wie eine Fliege im Teer bewegen)

dt.: *durchgehen wie ein Holländer* (a) rücksichtlos vorgehen, b) in feiger Weise fliehen; RÖ)

poln.: *iść po trupach* (dt.: über Leichen gehen)

LASKOWSKI zufolge weisen die hier präsentierten deutschen PH eine partielle grammatische Äquivalenz mit ihren polnischen Pendants auf. Demnach sind sie als partielle grammatische Entsprechungen anzusehen.

3. Totale phraseologische Äquivalenz

Eine totale phraseologische Äquivalenz tritt dann auf, wenn ein Idiom aus der AS in allen bereits angesprochenen Kriterien (denotative Bedeutung, wörtliche Bedeutung und Struktur) mit ihrer zielsprachlichen Entsprechung übereinstimmt. Mögliche Ursachen einer totalen phraseologischen Äquivalenz sind u.a. Gemeinsamkeiten in der historisch-gesellschaftlichen Entwicklung, unmittelbare Übernahme einer phraseologischen Einheit aus der AS in die ZS, eine Drittsprache als Quelle, aus der der PH entnommen wurde oder letzten Endes eine berühmte interkulturelle Quelle für die beiden PH wie etwa die Bibel, die antike Kultur oder große Werke der Weltliteratur (vgl. HESSKY 1987:95). Beispiele hierfür sind:

dt.: *ägyptische Finsternis* (tiefste Finsternis; D11)

poln.: *egipskie ciemności*

dt.: *den Rubikon überschreiten* (einen (strategisch) entscheidenden Schritt tun; D11)

poln.: *przekroczyć Rubikon*

dt.: *den gordischen Knoten durchhauen* (eine Schwierigkeit auf verblüffend einfache Weise lösen; DUDEN)

poln.: *przeciąć węzeł gordyjski*

Die meisten deutschen PH, die mit ihren polnischen Äquivalenten eine totale phraseologische Äquivalenz aufweisen, bereiten keine Probleme für den Translationsprozess (vgl. LASKOWSKI 2004:599ff.).

2.2 Phraseologismen in Wörterbüchern

Die Teildisziplin, die sich mit der Untersuchung der PH in Wörterbüchern befasst, heißt Phraseographie. Wie BURGER berichtet, wird die Phraseographie im Gegensatz zur allgemeinen Lexikographie stiefmütterlich behandelt und entbehrt jeglicher theoretischen Fundierung. Erst mit der Herausgabe der Wörterbücher DUDEN Bd. 11 und SCHEMANN (1991, 1993) hat sich die Situation deutlich verbessert (vgl. BURGER 2003:170). Da diese Problematik für die vorliegende Arbeit von großer Relevanz ist, sollen die nachfolgenden Kapitel einen Einblick in das Problem der

Erfassung der phraseologischen Einheiten in allgemeinen ein-, zweisprachigen und phraseologischen Wörterbüchern geben.

2.2.1 Phraseologismen im allgemeinen einsprachigen Wörterbuch

Die Aufgabe der allgemeinen einsprachigen Wörterbücher ist es, einem breiten Benutzerkreis eine möglichst exakte Auskunft über die Semantik, Rechtschreibung, Aussprache, Etymologie und Anwendungsmöglichkeiten des entsprechenden PH zu geben. Dies geschieht, indem mit bereits bekanntem Vokabular das noch unbekannte vermittelt wird. Wenn PH im allgemeinen Wörterbuch verzeichnet werden, ist dies am Wörterbuchartikel einer ihrer Komponenten sichtbar oder in einem eigenen separaten Wörterbuchartikel. In beiden Fällen kommt es allerdings in Form eines phraseologischen Wörterbucheintrags (=phraseologisches Lemma) zustande. Aus diesem Grund bestehen die Einträge meistens aus zwei Teilen: Der erste Teil, „Identifikationsteil“ genannt, bezeichnet die festgelegte Ausgangsform des phraseologischen Lemmas bzw. ein aktualisiertes Beispiel, wenn keine neutrale Nennform gegeben ist. Dieser Identifikationsteil soll sowohl im Wörterbuchverzeichnis als auch im Wörterbuchartikel entsprechend aufgelistet sein. Der zweite Teil, der „Beschreibungsteil“, enthält die Bedeutungserläuterungen. Dabei können aber auch konnotative oder etymologische Informationen sowie phraseologische Synonyme und Antonyme, Beispiele und Illustrationen angegeben sein. All diese Informationen in einer recht prägnanten und benutzerfreundlichen Form darzustellen, stellt eine große lexikographische Herausforderung dar (vgl. STANTCHEVA 2003: 37ff.).

Die Problematik der Erfassung von PH im Wörterbuch hängt eng mit ihrem Umfang und ihrer Funktion im Rahmen des Wörterbuchverzeichnisses zusammen. Was den Umfang anbelangt, kann ein allgemeines Wörterbuch nicht so viele phraseologische Repräsentanten wie ein phraseologisches Wörterbuch fassen. Es handelt sich mithin stets um einen ausgewählten Bestand der phraseologischen Einheiten, die in die Finalversion des Wörterbuches aufgenommen werden. Was in diesem Falle Schwierigkeiten bereitet, sind sowohl die Menge als auch die Kriterien, die der erwähnten Auswahl zugrunde liegen, die wiederum subjektiven Entscheidungen des Lexikographen unterliegen. Im gegebenen Falle gilt die synchrone, gegenwärtige Standardsprache als Bezugspunkt (vgl. ebd.).

Ein anderes Problem bilden veraltete, dialektale und/oder fachsprachliche PH sowie PH mit EN, Neologismen, Sprichwörtern und phraseologische Varianten. Es muss stets bedacht werden, ob sie im Wörterbuch verzeichnet werden und eine reiche phraseologische Facette darstellen sollen oder ob auf diese Formen zugunsten der gebräuchlichsten Formen verzichtet werden kann, um mehr Raum für andere phraseologische Einträge zu schaffen.

Die Form des PH, wie sie im Wörterbuch vorkommt, bereitet ebenso viele Schwierigkeiten. Zunächst ist das Stichwort (Lemma), das der phraseologischen Wendung zugeordnet wird, ausschlaggebend. Das erste Kriterium stützt sich auf die Semantik des „sinntragenden" Wortes. Der PH soll mithin unter dem Stichwort „böhmisch" und nicht unter „vorkommen" zu finden sein. Das zweite Kriterium ist morphosyntaktisch. Laut diesem Kriterium ist die Wendung unter dem ersten auftretenden Substantiv nachzuschauen. Dies verlangt jedoch gewisse Kenntnisse der Wortarten, die nicht selten nicht gegeben sind (vgl. BURGER 2003:173f). Auf der anderen Seite werden zahlreiche Fehler in diesem Bereich begangen, welche die Nutzung des Wörterbuchs deutlich erschweren. Am häufigsten sind es Fehler im Bereich der externen Valenz wie z.B. *spanisch vorkommen* statt *jmdm. spanisch vorkommen*, was bei Deutschlernenden zur Unsicherheit beim Gebrauch des entsprechenden grammatischen Falls führen kann (vgl. BURGER 1992:35).

Letzten Endes verfügen viele PH über keine Markierung im Wörterbuch. Wenn ein Idiom nicht entsprechend markiert ist, geht der Nicht-Muttersprachler davon aus, dass der PH allgemein gebräuchlich und jedem Muttersprachler geläufig sei. Es kann aber durchaus der Fall sein, dass sich die nachgeschlagene Wendung als eine veraltete, vulgäre, scherzhafte, gehobene, umgangssprachliche oder dem Muttersprachler kaum geläufige sprachliche Einheit erweist.

2.2.2 Phraseologismen im allgemeinen zweisprachigen Wörterbuch

Bei der Auswahl der PH für ein zweisprachiges Wörterbuch berichtet DOBROVOL'SKIJ (1999a) von zwei Strategien, die dafür am besten geeignet sind: Entweder wird die Vollständigkeit angestrebt oder man entscheidet sich für bestimmte Ausdrücke, die im Wörterbuch aufgeführt werden (vgl. 113ff.).

Hinter der Idee zweisprachiger Wörterbücher steckt stets der fremdsprachige Blickwinkel, was die Frage aufwirft: Welche Idiome braucht der Benutzer und welche nicht? Damit sind zwei weitere Fragen verbunden: Welche Idiome sind dem Muttersprachler bekannt und welche davon werden häufig genug verwendet? Für Fremdsprachenlerner besteht zunächst vor allem Bedarf an solchen PH, die in der Alltagskommunikation Anwendung finden und dem Sprecher ermöglichen, diese in entsprechenden kommunikativen Situationen verstehen und sich dadurch an der realen Kommunikation beteiligen zu können. Die Aufbereitung eines solchen Wörterbuchs könnte aber problematisch erscheinen, da jeder Muttersprachler ein Individuum ist und über einen eigenen Idiolekt verfügt. So kann es durchaus möglich sein, dass ein Muttersprachler manche Idiome nicht benutzt, obwohl sie im muttersprachlichen Diskurs vorkommen und von anderen Sprachbenutzern verwendet werden (vgl. ebd.).

Ein weiteres Problemfeld bildet die Frage, wie man PH aus der AS mit Hilfe lexikalischer Mittel der ZS semantisch und pragmatisch angemessen wiedergeben kann. Als ein wichtiges Kriterium gilt hier die funktionale Äquivalenz, also die Möglichkeit, einen PH aus der L2 in der kommunikativen Situation zu verwenden, in der die L1-Einheit zu gebrauchen ist. Neben der Bedeutungsäquivalenz spielt auch der Geläufigkeitsgrad des Äquivalents in der jeweiligen Sprache eine nicht zu unterschätzende Rolle. Demnach braucht ein gutes L2-Äquivalent kein PH zu sein. Wenn es in der ZS eine nicht-phraseologische Wendung gibt, welche die Bedeutung des L1-Idioms präzise vermitteln würde, ist es ratsam, diese als eine passable Übersetzungsmöglichkeit zu übernehmen und nicht wahllos nach idiomatischen Äquivalenten zu suchen (vgl. DOBROVOL'SKIJ 1999a:113ff.)

Letztendlich ist es erforderlich, die PH in Wörterbüchern mit entsprechenden Beispielsätzen zu exemplifizieren. Ohne Beispiele bleibt dem Benutzer der Überblick über mögliche Verwendungsbesonderheiten eines gegebenen PH verborgen, da in diesem Fall nur die Bedeutungsangabe und nicht der Kontext, in dem man die Wendung gebrauchen kann, zur Verfügung steht. Ohne dies ist es äußerst schwierig, die Bedeutung der phraseologischen Einheit möglichst exakt zu verstehen und zu verwenden. Auf der anderen Seite kann nicht erwartet werden, dass in einem Nachschlagewerk alle möglichen Gebrauchssituationen eines PH lemmatisiert werden. In den gegenwärtigen Zeitschriften wird so viel Untersuchungsmaterial in Form von phraseologischen Wendungen in verschiedensten Kontexten überliefert, dass es unmöglich ist, sie alle in einem Wörterbuch aufzulisten. Trotzdem bieten Beispiele eine außerordentlich große Hilfe für das Erlernen einer Fremdsprache und daher sollten in die Konzeption eines zweisprachigen Wörterbuchs immer mit einbezogen werden (vgl. ebd.).

2.2.3 Phraseologismen in phraseologischen Wörterbüchern

In der Lexikographie existieren zahlreiche Wörterbücher, die sowohl verschiedene Funktionen ausüben als auch verschiedene Strukturen und lexikalische Bereiche abdecken. Es gibt Nachschlagewerke, die z.B. sprachliche Existenzformen darstellen sowie individuelle Wortschatzbereiche, semiologische oder onomasiologische Elemente beinhalten. Unter funktionalem Gesichtspunkt kann man zwischen präskriptiven und deskriptiven einerseits und zwischen passiven und aktiven phraseologischen Wörterbüchern andererseits unterscheiden. Aktive phraseologische Wörterbücher haben die sprachliche Ausrichtung Muttersprache – Fremdsprache, somit ist die ZS die Fremdsprache. Bei passiven phraseologischen Nachschlagewerken ist die sprachliche Ausrichtung umgekehrt (Fremdsprache – Muttersprache).

Ein anderes Differenzkriterium stellt die Zahl der phraseologischen Einheiten im Wörterbuch dar. Erika WORBS (1994) führt an, dass kleine phraseologische Wörterbücher bis 5000 Einheiten, mittlere 5000–10000 Einheiten und große über 10000 Einheiten enthalten.

Wie bereits im vorangegangenen Unterkapitel erwähnt, steckt hinter der Auswahl phraseologischer Einheiten die subjektive Einstellung des Lexikographen und dies kann oft eine mögliche Ursache dafür sein, weshalb einige PH im Wörterbuch nicht aufgelistet sind.

Nach meinen Beobachtungen waren in einsprachigen phraseologischen Wörterbüchern manche PH mit toponymischen EN nicht zu finden. Lediglich die geläufigsten idiomatischen Wendungen wie beispielsweise *Eulen nach Athen tragen* oder *hinter schwedischen Gardinen* waren nachzulesen. Denkbare Ursache dafür kann sein, dass sich der Autor für PH mit anderen EN entschieden hat oder der Prämisse folgte, dass die PH mit Toponymen meist als veraltet und daher als nicht mehr so gebräuchlich einzuschätzen seien. Die möglichen Prämissen für solch eine Herangehensweise an die Problematik der PH in phraseologischen Wörterbüchern werden im praktischen Teil dieser Arbeit mit Hilfe einer Umfrage zur Bekanntheit onymischer PH mit Toponymen im Deutschen analysiert.

3. Phraseologie und Übersetzung

3.1 Allgemeines

Die Übersetzungswissenschaft ist eine wissenschaftliche Disziplin, die sich mit der schriftlichen Übertragung von Texten aus der AS in die ZS beschäftigt. Häufig wird sie als Translatologie bezeichnet und wird mit diesem Begriff gleichgesetzt. Die Translation hingegen steht nach dem von Otto KADE (1968) eingeführten Oberbegriff für Übersetzen und Dolmetschen.

Das Übersetzen gehört zu den Tätigkeiten, mit denen sich Menschen seit Jahrhunderten auseinandergesetzt haben. Mit der Schrifterfindung begann man Texte in andere Sprachen zu übertragen. Die Übersetzungswissenschaft ist jedoch ein relativ junges Gebiet, auf dem stets neue Ansätze und Kritikpunkte zu Translationstheorien entwickelt werden. Die Aufgabe des Übersetzers, einen Text aus der ZS in die AS zu übertragen, scheint auf den ersten Blick nicht allzu kompliziert zu sein. Wie ein Laie sagen würde, müssten einfach Wörter aus einer Sprache in eine andere Sprache übersetzt werden. Man muss sich allerdings darüber im Klaren sein, dass dabei viele Schwierigkeiten auftreten, die manchmal als unüberwindbar gelten können. Um den semantischen und pragmatischen Problemen die Stirn zu bieten, wird nicht nur solides sprachliches Wissen sowohl in der AS als auch in der ZS benötigt, sondern auch eine gewisse Kreativität und gute Kenntnisse in dem entsprechenden translatorischen Bereich vorausgesetzt. Dabei darf nicht in Vergessenheit geraten, dass nicht nur der sprachliche, sondern auch der kulturelle Kontext der Sprache von enormer Relevanz ist.

Eine Wort-für-Wort-Übersetzung ist ein weit verbreiteter Mythos. Schon HORAZ sagte: „*Nec verbo curabis reddere fidus interpres*“, was bedeutet: „Der treue Übersetzer soll darauf achten, nicht ein Wort durch ein Wort zu übersetzen“ (zitiert nach LIPIŃSKI 2004:29). Dem entgegengesetzt sind aber viele Meinungen aufgekommen, dass die Übersetzungen, die nicht wortwörtlich übertragen wurden, dem „heiligen“ Original nicht treu bleiben, da sie den eigentlichen Inhalt des Textes nicht wiedergeben. Nach LIPIŃSKI ist diese Tatsache auf biblische Texte zurückzuführen, die als Offenbarung des göttlichen Wortes gelten und demzufolge sklavisch ans Original gebunden sein sollten (vgl. 30). Diese Meinung vertritt auch AUGUSTINUS, der sich gegen freie und situativ gebundene Übersetzung äußert. ERASMUS VON ROTTERDAM zum Beispiel setzte sich auf eine modernere Art mit Übersetzungstexten auseinander und bezog die historisch-philologische Analyse des Textes in den Prozess der Übertragung von Texten mit ein (vgl. SNELL-HORNBY 2002:7). Diese Position nahm ebenfalls GOETHE an und entwickelte auf dieser Grundlage sein Modell der Übersetzung weiter. Demnach besteht die Aufgabe des Übersetzers darin, „sowohl ein fremdes Zeichensystem als auch die sich darin manifestierende Kultur zu verstehen und zu übertragen" (ebd.11).

Die hier stichwortartig angedeuteten Auffassungen der herausragenden Autoren und Übersetzer sollen verdeutlichen, was als entscheidendes Kriterium der Treue in Bezug auf das Translat gelten sollte: die angemessene und richtige Wiedergabe des Sinns und der Funktion der Aussage und die damit eng verbundenen kulturspezifischen Zusammenhänge und nicht nur eine kontextunabhängige Übertragung der Wörter und Textstruktur. Zu betonen ist aber auch, dass der Text nicht allzu frei übersetzt werden sollte. Das bedeutet, dass der Übersetzer den Text möglichst treu (aber nicht sklavisch treu) übersetzt und die Funktion des Ausgangstextes im Auge behält. Ein wichtiges translatorisches Problem stellen also die Grenzen sowohl zwischen „Treue" und „sklavischer Treue" wie auch zwischen „Freiheit" und „Freiheitsmissbrauch" auf der anderen Seite dar (vgl. NORD 1991:25). Dabei ist auch ein interessantes Phänomen zu beobachten: Wenn der Übersetzer „im Schatten" und für den Leser „unsichtbar" bleibt, kann das Translat als gelungen eingeschätzt werden.

Des Weiteren soll an dieser Stelle akzentuiert werden, dass die Übersetzung von Texten immer eine Art Zugeständnis zwischen dem Autor und dem Ausgangstext ist. Der Übersetzer ist nie imstande, alle sprachlichen und interpretatorischen Aspekte eines Textes zu übertragen.[14] Jede Sprache verkörpert ein einzigartiges und individuelles Zeichensystem und die Tatsache, dass ein gewisses Phänomen in der anderen Sprache nicht zugegen ist, bildet die Schönheit der Sprache und fordert den Übersetzer heraus.

Bei jedem Translat soll man sich mithin die grundlegende Frage stellen: Wie würde man das in der ZS ausdrücken? Hinter dieser scheinbar banalen Frage steckt sowohl die Frage nach dem semantischen (die denotative und konnotative Bedeutung) wie auch nach dem kulturspezifischen und funktionalen Aspekt. Mit anderen Worten: Wie muss das Translat an die ZS und ihre Kultur angemessen angepasst werden, damit der Rezipient den Sinn und die Intention des Autors erschließen kann?

Die Übersetzung stellt demnach einen komplexen und komplizierten Prozess dar. Dies bezieht sich nicht nur auf die Poesie, sondern auch auf Fachtexte, die durch fachliches Vokabular und nicht selten durch unterschiedliche (z.B. juristische) Begrifflichkeiten in der ZS gekennzeichnet sind und somit zahlreiche translatorische Schwierigkeiten bereiten können. Ein anderes Beispiel bilden PH, die nicht selten als unübersetzbar gelten und dementsprechend für den Übersetzer ein großes Problem sein können.

[14] Die Russische Schule der Interpretation von Gedichten hat beispielsweise die Reimstruktur und nicht den Inhalt des Gedichts in den Vordergrund gerückt.

3.2 Interlingualer Transfer

Der interlinguale Transfer setzt voraus, dass die Bedeutung (die hierzu in Anbetracht des textuellen Kontexts sowie der Textintention und nicht als Wortbedeutung zu verstehen sei) des Ausgangstextes in der ZS neu formuliert werden soll. Der interkulturelle Transfer (der situative Bezug auf die Kommunikation, die der translatorische Vorgang verkörpert) wird nicht mit berücksichtigt und die Bedeutung liegt auf „Typus"-Ebene: ausgangs(sprachliche) Textbedeutung = ziel(sprachliche) Textbedeutung (vgl. REIß/VERMEER 1991:30f.). Nach den beiden Autoren sollte die formale Struktur des Textes in der ZS so getreu wie möglich nachgeahmt werden. Dieser Prozess wird als „zweistufiger Kommunikationsprozess mit Transkodierung" (ebd.) bezeichnet. Die Bedeutung wird dabei als eine Konstante dargestellt. REIß/VERMEER listen drei Faktoren auf, die der Tranlator laut diesem Übersetzungstyp zu beachten hat:

- Ausgangstext als ausgangssprachliche Textform,
- konstante Bedeutung,
- Zieltext als zielsprachliche Textform.

Im Gegensatz zum interkulturellen Transfer betont der interlinguale Transfer die konstante Bedeutung als den zentralen Faktor. Die wichtigsten Zusammenhänge treten aus der lingualen Textebene hervor und der kulturelle Hintergrund wird nur wenig beachtet. Dadurch, dass wenig Aufmerksamkeit der Situation und den damit verbundenen kulturellen Komponenten gelenkt wird, wirkt das Translat für den Rezipienten befremdlich (vgl. TARAMAN 1986: 166).

3.3 Interkultureller Transfer

Der erste bedeutsame Anhänger der relativistisch orientierten Theorie, die den interkulturellen Aspekt in Betracht zog, war Wilhelm von HUMBOLDT. Er entwickelte die Idee, dass sich der translatorische Prozess im Endeffekt als unübersetzbar herausstellen müsste: „Die Sprache ist gleichsam die äußerliche Erscheinung des Geistes der Völker; ihre Sprache ist ihr Geist und ihr Geist ihre Sprache, man kann sich beide nicht identisch genug denken" (HUMBOLDT 1949:60f.). Er verweist hierbei auf das Phänomen, dass das Denken mit der Muttersprache, und daraus folgend, mit der eigenen Kultur eng zusammenhängt. Dieser herausragende

Sprachwissenschaftler spricht von der Verschiedenartigkeit der einzelnen Sprachen, infolgedessen kein Wort aus einer Sprache ein befriedigendes Äquivalent in der anderen Sprache darstellt (vgl. STOLZE 1997:29). Damit lassen sich seine Herangehensweise an die Sprache und die Übersetzungsansätze folgendermaßen erschließen: Er ging davon aus, dass jede Sprache (und jedes Wort in dieser Sprache zugleich) als relativ betrachtbar gilt. Man sollte folglich sowohl die Anwendung als auch die Rezeption eines Wortes in der AS als ein in Relation zu anderen Elementen stehendes und dadurch bestimmtes Glied einsehen. Demzufolge kann jede Übersetzung nur annähernd erfolgen.

Auch bei der linguistischen Hypothese von Edward SAPIR und Benjamin L. WHORF, die 1956 formuliert wurde, ist eine Anlehnung an die These von HUMBOLDT deutlich zu erkennen. Die Hypothese stützt sich auf die Annahme, dass zwischen dem Menschen und seiner Außenwelt ein „Prisma" existiert, durch das er die ihn umgebende Wirklichkeit wahrnimmt und das mehr oder weniger durch die Sprache determiniert sei. Das Prisma bezieht sich auf die Muttersprache und wird zu einer Art Medium, durch das der Mensch seine Außenwelt interpretiert. SAPIR und WHORF haben ihre Theorien am Beispiel der Inuitsprache veranschaulicht, in der es beispielsweise mehrere Bezeichnungen für unterschiedliche Schneearten gibt. Der Schnee bildet für die Inuit einen unerlässlichen Bestandteil ihrer Existenz und daher haben sie mehrere Begriffe für das Wort „Schnee" entwickelt, der in vielen anderen Sprachen nichts Weiteres als eine Wettererscheinung ist. Im Sinne dieser Theorie sind für einen Menschen lediglich die Phänomene greifbar, die er mit Hilfe seiner eigenen Sprache zum Ausdruck bringen kann. Die Menschen sind demnach als „Beobachter einander nicht äquivalent, sondern gelangen zu irgendwie verschiedenen Ansichten von der Welt" (WHORF 1956:20f.). Demzufolge sind keine zwei Sprachen oder Kulturen ähnlich genug, um die Wirklichkeit wiederzugeben (vgl. STOLZE 1997:34). Als direkte Konsequenz folgt das Axiom, dass eine genaue Übertragung des Textes aus der AS in die ZS nicht möglich sei, da die Rezipienten die Welt durch zwei unterschiedliche „Prismen" betrachten, die zwei unterschiedliche grammatische und semantische Strukturen mit sich bringen.

Eine andere relativistisch orientierte Übersetzungstheorie, die den Unübersetzbarkeitsbegriff wieder aufgreift, ist die Dekonstruktion. Wie STOLZE berichtet, war Jacques DERRIDA, der Begründer dieser Theorie, der Meinung, dass man einen Text mit Hilfe der Sprachkenntnisse und Erfahrung des Translators mehr oder weniger exakt übersetzen kann. Das Problem liegt jedoch darin, dass der semantische Inhalt eines Wortes im Text aufgrund seiner Ambivalenz nie genau erschließbar sei. Im Gegensatz zur mündlichen Kommunikation, bei der man den Sinn des Gesagten meist auf Anhieb nachvollziehen kann, sind schriftliche Texte zu vieldeutig, sodass sie in jeder Situation und von jedem Rezipienten auf eine unterschiedliche Art und Weise wahrgenommen werden können. Als Beispiel können hierfür

Wortspiele und ironische Intention des Autors angeführt werden. Auch die Dichtung wird von manchen Autoren zum Bereich der unübersetzbaren Textsorten gezählt. Betont wird bei dieser Ansicht das einzelne Wort und der Verfasser als Individuum, aus dessen Schaffen seine Eigenartigkeit hervorgeht. Man könnte daher zu dem Schluss kommen, dass das Signifikat dem Rezipienten teilweise verborgen bleibt. Das Implizite ist nur für den Verfasser nachvollziehbar und je älter der Text ist, desto schwieriger ist das Vorhaben des Autors zu erschließen.

3.4 Die Problematik der Übersetzung von Phraseologismen

Wie in dieser Arbeit bereits mehrmals erwähnt wurde, stellt die Übersetzung keinen Prozess dar, der wörtliche Übertragung sprachlicher Ausdrücke aus der AS in die ZS beabsichtigt. Dieses zeigt sich insbesondere im Bereich der Phraseologie, denn feste Wendungen mit stark ausgeprägter Idiomatizität erweisen sich als ein recht komplizierter Fall im translatorischen Gewerbe und bilden eine allzu häufige Fehlerquelle. Gerade in diesen Fällen sollten sowohl die sprachliche Kompetenz als auch eine große Aufmerksamkeit in Bezug auf die kontrastive Betrachtung beider Sprachen zur Geltung gebracht werden. Als besonders verräterisch erweisen sich in diesem Zusammenhang die „Faux amis", die ebenfalls im phraseologischen Bereich beobachtbar sind.

Wie im Kapitel 2.1.2 angedeutet, werden drei Ebenen der zwischensprachlichen Äquivalenz unterschieden. Das Translat gilt als vollkommen richtig, wenn der Übersetzer in der Muttersprache einen Ausdruck gefunden hat, der dem zielsprachlichen Äquivalent entspricht (vgl. LASKOWSKI 2005:659). Am interessantesten sind hiergegen die verwickeltsten translatorischen Fälle, in denen es für PH aus der AS keine entsprechenden phraseologischen Wendungen in der ZS gibt (der Fall der phraseologischen Nulläquivalenz). Nach LASKOWSKI (2004) müsste ihre denotative Bedeutung auf eine andere Weise als mit Hilfe einer idiomatischen Wendung zum Ausdruck gebracht werden. In diesen Fällen bedient man sich dreier Methoden:

1. Der PH kann durch eine Wortgruppe (Paraphrase) ausgedrückt werden:

   Gruß aus Solingen (poln.: cios nożem)

   in Jaffa liegen (poln.: być nieprzytomnym, leżeć bez zmysłów (phraseologisches Äquivalent), być chorym, być martwym) *zu den ägyptischen Zwiebeln zurückwollen* (poln.: tęsknić do starych dobrych czasów) (vgl. 599f.).

Hierzu muss erwähnt werden, dass die nichtphraseologische Übertragung der PH, die in der ZS über kein phraseologisches Pendant verfügen, die bestmögliche Übersetzungsmöglichkeit darstellt. Da für die obigen Beispiele keine phraseologischen Entsprechungen im Polnischen präsent sind, geht es am Ziel vorbei, die wörtliche Bedeutung dieser Wendungen dem polnischen Rezipienten anzubieten. Die deutschen Realien sind in so einem Fall anders und daher für den polnischen Empfänger nicht nachvollziehbar.

2. Eine andere Übersetzungsmöglichkeit stellen Lehnübersetzungen dar. Hierbei wird ein deutscher PH Wort für Wort in die ZS übersetzt, obwohl in dieser Sprache keine solche Wendung zu finden ist. Einerseits wird dadurch die Form des PH beibehalten, was bei literarischen Texten relevant ist. Andererseits entstehen damit Probleme beim Verstehen der denotativen Bedeutung, da diese phraseologische Wendung dem Leser in so einer Form nicht geläufig ist. Deshalb darf ein solches Verfahren nur dann eingesetzt werden, wenn die denotative Bedeutung eines PH aus der lexikalischen Bedeutung ableitbar ist. Dies ist besonders schwierig bei PH mit Toponymen, da der Leser über genügend Hintergrundwissen verfügen muss, um die phraseologische Bedeutung aus ihren freien Komponenten zu erschließen wie etwa:

ein Heidelberger Fass ist ein Fingerhut dagegen (eine phantastische Übersteigerung; zitiert nach LASKOWSKI (2004))

Diese Wendung kann wörtlich ins Polnische übersetzen werden mit *beczka z Heidelbergu jest przy tym jak naparstek*. Der polnische Rezipient weißt jedoch wahrscheinlich nicht, was unter dem PH „Heidelberger Fass“ zu verstehen und wie groß das angesprochene Fass ist. Man könnte aber die Bedeutung gewissermaßen erraten. Der PH

jemanden grüßen wie ein Spanier einen Franzosen (jmdn. sehr freundlich grüßen; RÖ)

hingegen ist ein Beispiel dafür, dass Lehnübersetzungen nicht immer eine brauchbare Lösung bieten. *Pozdrawiać kogoś jak Hiszpan Francuza* ist undeutlich und bleibt dem polnischen Muttersprachler unbekannt. Bei diesem PH ist kein Hinweis gegeben, der eine Andeutung zur Entschlüsselung der phraseologischen Bedeutung geben könnte. Ohne interkulturelles Wissen bleibt der semantische Inhalt dieses PH verborgen (vgl. ebd.).

3. Der deutsche PH kann im Polnischen durch ein Wort wiedergegeben werden:

auf der Wartburg sitzen (poln.: czekać) (vgl. ebd.)

LASKOWSKI (2005) listet in seinem Aufsatz mehrere Fehlerquellen auf, die hierfür kurz zusammengefasst werden. Er geht davon aus, dass den phraseologischen Ausdrücken all das zugrunde liegt, was eine Sprache von Geschichte, Religion, Sitten, Literatur (oder sogar Wetter sowie Freizeitaktivitäten) abhängig macht. All diese Elemente sind für die semantische Ebene der Sprache ausschlaggebend. Im Resultat würde dies auf eine vorherrschende Theorie der Unübersetzbarkeit dieses lexikalischen Bereichs hinweisen. Es muss also das Recht denen zuerkannt werden, die die Ansicht vertreten, dass man den Translationsprozess der PH als keine Übersetzung schlechthin, sondern als eine Suche nach phraseologischen Äquivalenten in der ZS ansieht.

Potentielle Fehlerquellen, die dem Übersetzer zustoßen, können auf folgende Tatsachen rekurrieren:

- das Faktum, dass die Bedeutung des gesamten phraseologischen Ausdrucks nicht aus den Bedeutungen seiner einzelnen Komponenten hervorgeht,

- eine reiche Variabilität phraseologischer Wendungen, was zur Unsicherheit angesichts ihrer Anwendung führen kann, z.B. *einen Mecklenburger zu Hilfe rufen/nach dem Mecklenburger greifen* (nach dem Prügel greifen; RÖ),

- eine hohe Frequenz fremdsprachlicher PH wie etwa *nomen est omen* (Latein), *on the rocks* (Englisch),

- Modifikationen phraseologischer Wendungen: „Die Kritik im Spiegel und in anderen europäischen Printmedien liefert König Silvio nur neues *Wasser auf seine Mühle*“ (Der Spiegel 2003:12) (vgl. 663ff.).

Aus den hier präsentierten Erwägungen geht eindeutig hervor, dass dem eigentlichen Translationsprozess eine exakte Analyse des gegebenen PH in konkreten

Kontextsituationen vorhergehen soll, da die sprachliche Spezifik eines PH erst in textuellen Kontexten zum Vorschein kommt. Die Suche nach einem möglichst zutreffenden Äquivalent ist also die primäre Aufgabe des Übersetzers. Dies gelingt erst dann, wenn im Translationsprozess die funktionalen, pragmatischen und kontextbedingten Faktoren berücksichtigt werden. Diese Elemente sollen aber nicht als Komponenten eines Sprachsystems übertragen werden, sondern als Komponenten eines Textes, die stets individuelle Eigenschaften des Autors tragen (vgl. ebd.).

Um das Problem der Äquivalenz noch zu verdeutlichen, soll betont werden, dass es sich hierbei nicht um die Äquivalenz „als *Ziel* einer jeden Übersetzung, als eine notwendige Relation zwischen Ausgangs- und Zieltext" (ŁABNO-FALĘCKA 1995:215) handelt. Man soll dieses Phänomen auf der Ebene des „allgemeinen Sinns" (ebd.) erfassen und von einem kreativen und nicht routinierten Gebrauch der PH ausgehen wie im folgenden Beispiel:

And this is the belief that ***moves*** *mountains.*

Und das ist der Glaube, der Berge ***bewegt****.*

In diesem Falle ist der Autor von einer „routinierten" Bedeutung des Verbs „to move" ausgegangen, was in diesem Kontext zu einer fehlerhaften Translation des gesamten phraseologischen Ausdrucks führte. Dieser Ausdruck stammt aus der Bibel und ist in zahlreichen Sprachen als eine fixierte Einheit vorhanden, was der Aufmerksamkeit der Übersetzerin entgangen ist. Eine mit dem Bibeltext übereinstimmende Übersetzung (*Und das ist der Glaube, der Berge versetzt;* poln.: *Wiara, która góry przenosi*) sollte in diesem Falle die primäre Aufgabe des Translats sein (vgl. ebd. 214f).

3.5 „Faux amis" im phraseologischen Bereich

„Faux amis " (dt.: falsche Freunde; engl.: false friends; poln.: fałszywi przyjaciele) bilden Wortformative, die sich bei formaler Gleichheit oder (meist) Ähnlichkeit in den beiden untersuchten Sprachen in ihrem semantischen Gehalt voneinander unterscheiden, z.B. dt.: *Kriminalist* (Kriminalbeamter, Kriminalwissenschaftler) – poln.: *kryminalista* (Verbrecher, Krimineller). Es handelt sich dabei meist um Ausdrücke, die aus einer dritten Sprache entlehnt wurden (vgl. LIPCZUK 1989:41f.).

Ilpo PIIRAINEN (1997) verweist auf drei Grundmodelle, auf die sich die semantischen Divergenzen zurückführen lassen: a) die literale Lesart, die zu Unterschieden auf der Ebene konkreter Bildlichkeit führt, b) mit quasi-identischen Wortketten werden auf einer abstrakteren Ebene verschiedene konzeptuelle Metaphern ausgelöst, c) einzelne Konstituenten begegnen in formal identischen Wortverbindungen unterschiedlichen sekundären Funktionen. Dadurch, dass die „falschen Freunde" Ähnlichkeiten auf formaler Ebene aufweisen, können sie trügerisch wirken und zur Erscheinung der Interferenz (Fehler, die sich auf die Struktur der Muttersprache zurückführen lassen und durch diesen Umstand im fehlerhaften Gebrauch der Fremdsprache münden können) führen (vgl. ebd. 206).

Im Hinblick auf die praxisorientierte Übersetzungsproblematik im phraseologischen Bereich stellen „falsche Freunde" als formal ähnliche und inhaltlich nicht völlig unterschiedliche, äquivalente Ausdrücke (Hyperonyme) ein Problem dar, z.B.:

poln.: *rzucić okiem* (patrzeć, spojrzeć (przelotnie); SFJP, II/85)

dt.: *auf jmdn./etw. ein Auge werfen* (jmd. oder etw. gefällt einem; DUDEN)

poln.: *rzucać słowa na wiatr* (wypowiadać się bez zastanowienia; SFJP, II/87)

dt.: *jmds. Worte in den Wind schlagen* (nicht beachten; DUDEN)

Als „faux amix" gelten ebenso die Fälle, in denen einem AS-Phraseologismus mit zwei phraseologischen Gesamtbedeutungen ein ZS-Phraseologismus entspricht, der nur über eine der beiden Gesamtbedeutungen verfügt, z.B.:

wychodzić/wyłazić ze skóry (a) starać się usilnie o coś, przykładać się do czegoś, b) szaleć z radości, niecierpliwić się; SFJP, II/128)

aus der Haut fahren (sehr zornig sein; DUDEN) (vgl. ŁABNO-FALĘCKA 1995:255ff.).

Was die „faux amis" im Bereich der Phraseologie innerhalb einer Sprache, die sog. „internen FF" oder „intralingualen faux amis", anbetrifft, erscheinen sie als ein besonders seltenes Phänomen, z.B.:

(noch nicht) über den Berg sein (die größte Schwierigkeit, die Krise (noch nicht) überstanden haben; DUDEN)

(längst) über alle Berge sein (längst entkommen, schon weit weg sein; DUDEN)

Luft schnappen (mit offenem Mund rasch und mühsam atmen, nach Atem ringen; DUDEN)

nach Luft schnappen (geschäftlich, wirtschaftlich in einer schlechten Lage sein; DUDEN) (vgl. PIIRAINEN 1997:203).

B. PRAKTISCHER TEIL

Dieser Teil der Magisterarbeit konzentriert sich auf praktische Untersuchungen der in verschiedenen Nachschlagewerken, Aufsätzen und Dissertationen gefundenen Beispiele von PH mit Toponymen.

Das erste Kapitel bezweckt eine Analyse der in einigen deutsch-polnischen Wörterbüchern aufgelisteten Übersetzungsvorschläge von PH mit toponymischen EN. Auch hier hält man sich an die im theoretischen Teil dieser Arbeit vorgeschlagenen Übersetzungstheorien, anhand derer kritische Anmerkungen angebracht werden. Wenn sich zwischen vorhandenen Beispielpaaren eine totale phraseologische Äquivalenz erkennen lässt, wird dies anhand des kulturellen Kontexts und der Gebräuchlichkeit der Pendants in den beiden Sprachen kritisch hinterfragt.

Es muss an dieser Stelle betont werden, dass die jeweiligen idiomatischen Paare vor allem unter dem semantisch-strukturellen Aspekt analysiert werden. Auch wenn sich ein phraseologisches Paar als ein „Eins-zu-eins-Äquivalent" im Wörterbuch erweist, [15] kann es dem Translator, der seine Aufmerksamkeit auch auf die Parole-Ebene lenken soll, Schwierigkeiten bereiten. In dieser Arbeit wird mithin die semantisch-syntaktische Struktur des jeweiligen Wörterbucheintrags sowie dessen Markierungen, die über seinen Gebrauch Aufschluss geben können, näher beleuchtet. Konkrete textbasierte Verwendungshinweise des jeweiligen PH werden außer Acht gelassen.

Das nächste Kapitel befasst sich mit einer Analyse der Bekanntheit bzw. Gebräuchlichkeit onymischer PH mit Toponymen im Deutschen. Zu diesem Zweck wurde eine Umfrage durchgeführt, die ein neues Licht auf diese Problematik werfen soll. Ziel der Umfrage ist es, der Frage nachzugehen, warum die Gruppe von PH mit geographischen EN als phraseologische Komponenten in verschiedenen Nachschlagewerken nicht so umfangreich ist wie z.B. die mit Körperteilen oder Tiernamen. Liegt das an der subjektiven Entscheidung der Lexikographen oder womöglich an der Tatsache, dass manche von diesen PH veraltet, dem Sprecherkreis unbekannt und daher kaum mehr gebräuchlich sind?

---

15 Zur Problematik von Eins-zu-eins-Äquivalenten im allgemeinen zweisprachigen Wörterbuch siehe HEINZ (1999).

4. Analyse der Übersetzungsvorschläge für PH mit Toponymen in deutsch-polnischen Wörterbüchern

4.1 Zur Arbeitsmethode

Dieser Teil befasst sich mit der Übersetzung deutscher PH mit geographischen EN ins Polnische anhand deutsch-polnischer Wörterbücher. Das Kapitel soll aufzeigen, welche Übersetzungsmöglichkeiten die erwähnten Nachschlagewerke dem Benutzer anbieten und auch wie häufig diese phraseologischen Wendungen in deutsch-polnischen Wörterbüchern zu finden sind. Die in verschiedenen Wörterbüchern gefundenen Einträge werden mit ihren polnischen Übersetzungsäquivalenten konfrontiert, indem ihre Äquivalenz, ihr Gebräuchlichkeitsgrad sowie die Korrektheit der Übersetzung analysiert werden.

Die Nachschlagewerke, die zu diesem Zweck konsultiert wurden, sind zwei phraseologische Wörterbücher: „1000 idiomów niemieckich“ (Langenscheidt 2002) von Heinz GRIESBACH und Dora SCHULZ (Übersetzung: Andrzej KĄTNY) und „Słownik frazeologiczny niemiecko-polski“ (Wiedza Powszechna 1999) von Jan CZOCHRALSKI und Klaus-Dieter LUDWIG sowie ein allgemeines Wörterbuch: „Wielki słownik niemiecko-polski” (Pons 2007). Obwohl sich beide deutsch-polnische phraseologische Wörterbücher mit phraseologischen Wendungen und ihren Übersetzungen ins Polnische befassen, wurden in den Nachschlagewerken nur wenige Übersetzungsbeispiele für die PH mit Toponymen aufgelistet. Eine mögliche Ursache dafür ist, dass die Autoren den Toponymen andere Komponenten vorzogen. Da die meisten Beispiele dem Wörterbuch von PONS entnommen wurden, wird diesem Nachschlagewerk die größte Aufmerksamkeit geschenkt.

Zur Analyse der gefundenen Beispiele für PH mit Toponymen wird folgende Arbeitsmethode eingesetzt: Zuerst wird die deutsche Bedeutung des PH anhand deutscher Wörterbücher paraphrasiert. Dem folgt der polnische Übersetzungsvorschlag, der aus einem der drei untersuchten Nachschlagewerke stammt. Zwischen beiden Ausdrücken wird ein Vergleich gezogen und anschließend die im Wörterbuch zur Verfügung gestellte Übersetzung kritisch hinterfragt. Dabei wird über den Grad der phraesologischen Äquivalenz entschieden. Letztendlich werden der Grad der Übereinstimmung von stilistischen Angaben (Markierungen) und die Herkunft des geographischen EN erläutert.

Zu beachten ist ebenfalls die Tatsache, dass in dieser Arbeit nicht alle PH mit Toponymen, die in verschiedenen Quellen aufzufinden sind, der translatorischen

Analyse unterzogen werden konnten. Zwei Drittel der gefundenen PH mit geographischen EN waren in den angesprochenen Naschschlagewerken nicht verzeichnet. Deshalb wird im praktischen Teil dieser Arbeit lediglich ein Bruchteil der phraseologischen Wendungen hinsichtlich ihrer Übersetzungsmöglichkeiten behandelt. Eine mögliche Antwort auf die Frage, warum diese phraseologischen Einheiten in Wörterbüchern nicht aufgelistet werden, soll eine Umfrage zum Thema Bekanntheit bzw. Gebräuchlichkeit onymischer PH mit Toponymen im Deutschen liefern. Das Umfrageergebnis wird im Kapitel 5.4 zusammengefasst.

4.2 Phraseologische Wörterbücher

4.2.1 Griesbach/Schulz: „1000 idiomów niemieckich"

Wie die Autoren in der Einleitung vorgreifen, präsentiert dieses Buch die bekanntesten und gebräuchlichsten PH der deutschen Sprache. Diese werden mit polnischen Übersetzungen und Beispielen illustriert, die ihren Gebrauch im textuellen Kontext exemplifizieren sollen. Dazu kommen oft humorvolle Zeichnungen, die das gesamte Konzept benutzerfreundlich machen und dem Leser die Diskrepanz zwischen der wörtlichen sowie übertragenen Bedeutung des Idioms, und damit seinem eigentlichen Sinn veranschaulichen.

In der Anmerkung schreiben die Autoren, dass sie in ihrem Wörterbuch sowohl auf recht seltene als auch Einwortäußerungen (die nach ihrer Meinung nicht als Idiome gelten) verzichten mussten. Überdies wurde die Anzahl der Markierungen erhöht, die dem Leser Informationen über stilistische und emotionale Eigenschaften des jeweiligen PH vermitteln sollen.

Die nachfolgende Analyse der phraseologischen Lemmata aus „1000 idiomów niemieckich" erfolgt folgendermaßen: Zuerst wird die deutsche Bedeutung beschrieben, mit der polnischen Übersetzung verglichen und kritisch hinterfragt. Dabei wird der Grad der phraseologischen Äquivalenz bestimmt. Als Nächstes wird untersucht, inwieweit die stilistischen Angaben (Markierungen) übereinstimmen. Anschließend wird jeder PH mit Toponym in Anbetracht seiner Etymologie einer entsprechenden phraseologischen Klasse zugeordnet.

In „1000 idiomów niemieckich" wurden folgende Beispiele für deutsche onymische PH mit geographischen EN gefunden:

1. auf gut Deutsch

dt. Bedeutung: unverblümt, ohne Beschönigung (D11/DUDEN)

poln. Übersetzung: bez ogródek, wprost

dt. Markierung: ugs.

Dieses Übersetzungsbeispiel präsentiert einen Fall, in dem kein phraseologisches Äquivalent für die Übersetzung des obigen Idioms verwendet wurde (phraseologische Nulläquivalenz). Da diese Wendung der Gruppe von PH angehört, die deutsche geographische Namen in sich fassen und es möglicherweise auch deshalb im Polnischen keine äquivalente Redewendung gibt, ist die Umschreibung der idiomatischen Bedeutung des deutschen PH relativ gelungen. Eine andere mögliche Übersetzung wäre *prosto z mostu*, das die phraseologische Bedeutung des deutschen PH gut wiedergibt und zugleich einen PH darstellt. Dementsprechend würde es sich hier um eine partielle phraseologische Äquivalenz handeln. Der polnische PH verfügt über die gleiche denotative Bedeutung, seine lexikalisch-grammatische Struktur ist jedoch anders.

Diese Übersetzungsvariante entspricht der stilistischen Angabe der deutschen Wendung. Die beiden PH können als umgangssprachlich eingestuft werden.

2. mit jmdm. deutsch reden

dt. Bedeutung: jmdm. unverblümt die Wahrheit, die Meinung sagen (D11/DUDEN)

poln. Übersetzung: bez owijania w bawełnę (ugs.), (po)rozmawiać z kimś otwarcie

dt. Markierung: ugs.

Die polnische Variante *bez owijania w bawełnę* bildet einen guten translatorischen Vorschlag für den deutschen PH *mit jmdm. gut deutsch reden*, der ein deutsches Toponym beinhaltet. Sowohl die stilistische Angabe der beiden Idiome (ugs.) als auch der im Wörterbuch angegebene Beschreibungsteil der deutschen Wendung (partielle phraseologische Äquivalenz) sind solide und geben daher keinen Anlass zur Kritik.

3. Eulen nach Athen tragen

dt. Bedeutung: einen überflüssigen geistigen Beitrag zu etw. leisten (D11/Duden)

poln. Übersetzung: wozić drwa do lasu (robić coś niepotrzebnego)

dt. Markierung: bildungsspr.

In diesem Fall lässt sich der Grad der phraseologischen Äquivalenz als partiell einstufen. Die deutsche Variante, die als PH mit einem nicht-deutschen geographischen EN einzustufen ist, wurde durch einen polnischen PH ohne EN ersetzt. Seine denotative Bedeutung stimmt mit der Bedeutung des deutschen Ausdrucks *etwas Überflüssiges tun* überein. Die Markierung „bildungssprachlich" ist jedoch nur beim deutschen Lemma denkbar, da dem polnischen Übersetzungsvorschlag *wozić drwa do lasu* die Markierung „bildungssprachlich" (d.h. zu einer Sprache, Ausdrucksweise gehörend, die bestimmte Kenntnisse, eine gute schulische Bildung voraussetzt) nicht zugeschrieben werden kann. Daher wäre eine andere Übersetzung dieser deutschen Wendung möglich, nämlich: *wozić sól do Wieliczki.* Man muss hier bedenken, dass Wieliczka ein Salzbergwerk in der Nähe von Krakau ist und Salz dorthin zu tragen, eine überflüssige Tätigkeit wäre. Ein Problem, das in diesem Falle auftreten könnte, ist das Verhältnis im Grad der Gebräuchlichkeit der beiden erwähnten PH im Polnischen. Es ist nicht auszuschließen, dass die Wendung *wozić drwa do lasu* dem polnischen Rezipienten geläufiger ist und womöglich gerade deswegen von den beiden Autoren übernommen wurde.

4. hinter schwedischen Gardinen

dt. Bedeutung: im Gefängnis (D11/DUDEN)

poln. Übersetzung: za kratkami

dt. Markierung: ugs., scherzh.

Auch dieser PH fasst ein nicht-deutsches Toponym in sich. Die polnische Übersetzung dieser phraseologischen Wendung ist sehr angemessen. Obwohl zwischen den beiden Lexikoneinträgen keine totale phraseologische Äquivalenz besteht (es handelt sich hierbei um eine phraseologische Nulläquivalenz, das heißt, beide PH haben weder die gleiche denotative Bedeutung noch die gleiche syntaktische Struktur), sind die stilistischen Angaben beibehalten, was der polnischen Übersetzung *za kratkami* als einer in der Umgangssprache verwendeten und scherzhaften Wendung entspricht. Der Versuch, bei diesem Beispiel eine totale phraseologische Äquivalenz zwischen den beiden Sprachen zustande zu bringen, wäre unnütz, da in der polnischen Sprache keine solche Wendung wie *za szwedzkimi firanami* existiert und dem polnischen Leser keinen aufschlussreichen Hinweis zur Entschlüsselung der dadurch entstandenen Bedeutung des PH gibt.

5. wie Gott in Frankreich leben

dt. Bedeutung: im Überfluss leben (D11/DUDEN)

poln. Übersetzung: żyć jak u Pana Boga za piecem (ugs.) (beztrosko)

dt. Markierung: ugs.

Das Beispiel zeigt einen gelungenen translatorischen Vorschlag. Die Bedeutung des deutschen PH wurde gelungen ins Polnische übertragen. Der phraseologische Äquivalenzgrad (partiell) ist hier befriedigend, da die polnische Variante die denotative Bedeutung des deutschen PH enthält. Eine totale phraseologische Äquivalenz wäre in diesem Falle kaum denkbar. Die stilistischen Angaben der beiden Einträge stehen im Einklang. Diese idiomatische Wendung gehört zur Gruppe der PH mit nicht-deutschen geographischen EN.

6. nach dem Mond gehen

dt. Bedeutung: (von einer Uhr) falsch gehen, sehr ungenau die Zeit anzeigen (DUDEN)

poln. Übersetzung: (dot. zegarów) (ugs.) coś jest niedokładne, chodzi jak chce

dt. Markierung: ugs.

Wie aus der polnischen Bedeutung ersichtlich wird, besteht zwischen dem polnischen und deutschen Eintrag eine phraseologische Nulläquivalenz. Der deutschen Entsprechung, die ein nicht-deutsches Toponym bildet, wurde keine Übersetzung in Form einer idiomatischen Wendung zugewiesen. Die einzige Tatsache, gegen die ein Einwand vorgebracht werden könnte, ist die stilistische Angabe, mit der das polnische Übersetzungsbeispiel vermerkt wurde. Den Ausdruck *coś jest niedokładne* sollte man nämlich nicht als „umgangssprachlich" einordnen. Meines Erachtens fungiert dieser Satz als eine neutrale Äußerung, der keinesfalls die Markierung „umgangssprachlich" zuzuschreiben ist.

7. auf/hinter dem Mond leben

dt. Bedeutung: über die neusten Ereignisse nicht informiert sein, nichts davon mitbekommen (DUDEN)

poln. Übersetzung: żyć jak na księżycu (ugs.) (być zacofanym)

dt. Markierung: ugs.

Bei diesem Beispiel mit einem nicht-deutschen geographischen EN handelt es sich um den Fall einer totalen phraseologischen Äquivalenz. Die beiden Lemmata stimmen in den Kriterien der denotativen Bedeutung, wörtlichen Bedeutung und der Struktur miteinander überein. Die stilistischen Angaben sind gleich. Das einzige Problem bildet wiederum der Grad der Gebräuchlichkeit der beiden Ausdrücke. Das polnische Äquivalent *żyć jak na księżycu*, das aus dem Deutschen wörtlich übernommen wurde, ist dem polnischen Empfänger wohl nicht geläufig und mit Sicherheit weniger informativ als die Wendung *spaść z księżyca* (o kimś roztargnionym, nie orientującym się w sytuacji; SFJP). Dieser PH stimmt mit dem deutschen Ausdruck überein und stellt ein gutes Übersetzungsäquivalent dar. Dementsprechend ist dieses Beispiel, das mit dem deutschen PH partiell äquivalent ist, ein besserer Vorschlag. Ein anderes denkbares Übersetzungsbeispiel für das deutsche *auf/hinter dem Mond leben* wäre der polnische PH *urwać się z choinki*. Die Bedeutung dieses PH (zupełnie nie orientować się w sytuacji, powiedzieć lub zrobić coś dziwnego; spaść z księżyca; SFJP) entspricht der denotativen Bedeutung der deutschen Wendung. SKORUPKA gibt an dieser Stelle sogar die oben angesprochene phraseologische Einheit *spaść z księżyca* als phraseologisches Synonym an.

8. jmdm. spanisch vorkommen

dt. Bedeutung: jmdm. verdächtig, seltsam erscheinen (D11/DUDEN)

poln. Übersetzung: wydawać się dziwnym

dt. Markierung: ugs.

Da die Autoren wohl keine ihren Erwartungen entsprechende idiomatische Wendung im Polnischen gefunden haben, beschlossen sie, die Paraphrase als mögliche Methode der Bedeutungserläuterung einzusetzen. Demzufolge ist in diesem Falle von einer phraseologischen Nulläquivalenz zu sprechen. Die stilistische Ebene der polnischen Variante steht mit der deutschen nicht im Einklag. Der deutsche Ausdruck wurde als „umgangssprachlich" eingestuft, dem polnischen PH jedoch ist diese stilistische Angabe nicht zuzusprechen. Ein wohl besseres Beispiel für die

Übersetzung des PH *jmdm. spanisch vorkommen* wäre die polnische idiomatische Wendung *to dla mnie (jak) czeski film*. Die oben angegebene Übersetzung stimmt mit der Bedeutung des deutschen PH sowohl bezüglich des stilistischen Inhalts als auch der Tatsache überein, dass diese Wendung einen PH darstellt. Dadurch könnte eine partielle phraseologische Äquivalenz erreicht werden. Dieser Ausdruck gehört der phraseologischen Gruppe mit nicht-deutschen Toponymen an.

4.2.2 CZOCHRALSKI/LUDWIG: „Słownik frazeologiczny niemiecko-polski"

Das Wörterbuch „Słownik frazeologiczny niemiecko-polski" von CZOCHRALSKI/LUDWIG ist 1999 auf den Markt gekommen. Wie man dem Vorwort entnehmen kann, enthält dieses Wörterbuch etwa 5000 deutsche PH mit ihren polnischen Übersetzungen. Aus dem reichen Bestand deutscher PH haben die Autoren die gebräuchlichsten ausgewählt, die sich, ihrer Meinung nach, gegenwärtig im Sprachgebrauch befinden. Jeder Wendung wurde ein Beispiel zugeordnet, das den Gebrauch des PH im textuellen Kontext verdeutlichen soll. Außerdem wurden den PH verschiedene Stilebenen (gehoben, umgangssprachlich, salopp und vulgär) zugeteilt. Im Wörterbuch sind keine Bilder präsent.

Im Folgenden wird ein Überblick über die im Wörterbuch von CZOCHRALSKI/LUDWIG angetroffenen PH mit Toponymen präsentiert:

1. **auf (gut) Deutsch**

dt. Bedeutung: unverblümt, ohne Beschönigung (D11/DUDEN)

poln. Übersetzung: mówiąc wprost (bez ogródek) (ugs.)

dt. Markierung: ugs.

Sowohl die Form des deutschen phraseologischen Ausdrucks als auch seine Übersetzung ins Polnische wurden genauso wie bei GRIESBACH/SCHULZ vermittelt. Der einzige Unterschied zeigt sich in der Darstellung der polnischen Markierung „umgangssprachlich", die im vorher erwähnten Wörterbuch nicht auftritt. Aus diesem Grund kann der Übersetzungsvorschlag von CZOCHRALSKI/LUDWIG als recht gelungen und exakt bezeichnet werden. Dieser PH gehört zur phraseologischen Klasse, die PH mit deutschen geographischen EN enthält.

2. mit jmdm. deutsch reden

dt. Bedeutung: jmdm. unverblümt die Wahrheit, die Meinung sagen (D11/DUDEN)

poln. Übersetzung: porozmawiać z kimś bez owijania w bawełnę (ugs.)

dt. Markierung: ugs.

Auch in diesem Fall weicht die Bedeutung, die das Wörterbuch von CZOCHRALSKI/LUDWIG in sich fasst, von der von GRIESBACH/SCHULZ nicht ab. Die von den beiden Autorenkollektiven vorgeschlagenen Übersetzungsmöglichkeiten geben keinen Anlass zur Kritik. Wie bereits im Punkt 1 erwähnt, führt dieses Wörterbuch auch an dieser Stelle eine exakte stilistische Angabe an, die mit ihrem deutschen Äquivalent im Einklang steht. Dieser PH beinhaltet ein deutsches Toponym.

3. hinter schwedischen Gardinen

dt. Bedeutung: im Gefängnis (D11/DUDEN)

poln. Übersetzung: za kratkami (ugs., scherz.)

dt. Markierung: ugs., scherzh.

Die hier angeführte Übersetzung stimmt mit dem im „1000 idiomów niemieckich" angegebenen Übersetzungsvorschlag völlig überein. Zur polnischen Übersetzung wurden jedoch in CZOCHRALSKI/LUDWIG genauere stilistische Angaben gemacht. Wie oben erwähnt, gehört diese Wendung der Gruppe von PH mit nicht-deutschen EN.

4. leben wie Gott in Frankreich

dt. Bedeutung: im Überfluss leben (D11/DUDEN)

poln. Übersetzung: żyć sobie jak u Pana Boga za piecem (ugs.)

dt. Markierung: ugs.

Genau wie im obigen Beispiel, ist hier der gleiche Fall gegeben. Die beiden Wörterbücher beschreiben genau die gleichen translatorischen Vorschläge zu diesem deutschen PH. Sowohl die Form als auch die denotative Bedeutung reicht, um den Grad der phraseologischen Äquivalenz zwischen den beiden Ausdrücken als partiell einzustufen. Der geographische Bestandteil dieses PH kann als ein nicht-deutsches Toponym eingestuft werden.

5. jmdn. auf den (zum) Mond schießen (können)

dt. Bedeutung: auf jmdn. wütend sein; jmdn. weit weg wünschen (DUDEN)

poln. Übersetzung: posłać kogoś do wszystkich diabłów (ugs.)

dt. Markierung: salopp

Die Bedeutung des deutschen Ausdrucks, dessen geographischer Bestandteil zur Gruppe nicht-deutscher Toponyme gehört, wurde ins Polnische gelungen übersetzt, sodass sich hier keine Kritikpunkte anführen lassen. Die beiden Beispiele bilden einen Fall partieller phraseologischer Äquivalenz. Das Einzige, was dabei nicht übereinstimmt, ist die stilistische Markierung. Die polnische phraseologische Wendung wurde als umgangssprachlich markiert, die deutsche Entsprechung hingegen als salopp. Daraus geschlussfolgert kann man den polnischen PH in der gesprochenen Sprache gebrauchen, ohne schlechte Konnotationen hervorzurufen, wohingegen der deutsche PH die Nichtachtung gesellschaftlicher Formen ausdrücken würde und daher nicht in jedem umgangssprachlichen Kontext verwendet werden kann. Überlegenswert wäre, ob nicht gegebenenfalls die polnische Wendung ebenso als salopp markiert werden sollte, da sie nicht in jeder umgangssprachlichen Situation angebracht erscheint.

6. in den Mond gucken

dt. Bedeutung: das Nachsehen haben, leer ausgehen (D11),

poln. Übersetzung: nic nie zyskać, zostać na lodzie, obejść się smakiem (ugs.)

dt. Markierung: ugs.

Obgleich die beiden polnischen PH keine totale phraseologische Äquivalenz mit dem deutschen *in den Mond gucken* aufweisen, kann dieses Übersetzungsbeispiel als sehr nützlich gelten. Da es im Polnischen keine direkte Übersetzung für diesen PH gibt, haben die Autoren andere phraseologische Wendungen (*zostać na lodzie, obejść się smakiem*) verwendet, die über den gleichen denotativen Inhalt verfügen. Die stilistische Ebene wurde ebenfalls richtig markiert. Dieser PH gehört in die Klasse der PH mit nicht-deutschen geographischen EN als Bestandteil.

7. auf/hinter dem Mond leben

dt. Bedeutung: über die neusten Ereignisse nicht informiert sein, nichts davon mitbekommen (DUDEN)

poln. Übersetzung: żyć na księżycu (ugs.)

dt. Markierung: ugs.

Die hier dargestellte polnische Übersetzung ist mit der von GRIESBACH/SCHULZ identisch. Auch in diesem Fall soll man sich die Frage stellen, ob der PH *żyć na księżycu* im Polnischen gebräuchlich und vor allem, ob er dem polnischen Rezipienten bekannt ist. An dieser Stelle hätte zum besseren Verständnis eine ergänzende Paraphrase oder ein synonymisches Idiom angeführt werden sollen, um die Erschließung der Bedeutung der polnischen Variante deutlich zu erleichtern. Durch das Lexem „Mond" gehört dieser PH zu denen mit nicht-deutschen Toponymen.

8. das kannst du (dir) in den Mond schreiben

dt. Bedeutung: etwas als verloren betrachten (DUDEN)

poln. Übersetzung: możesz się z tym pożegnać, możesz to spisać na straty (ugs.)

dt. Markierung: ugs.

Die Bedeutung des deutschen PH wurde korrekt ins Polnische übertragen. Da in der polnischen Sprache kein PH existiert, der eine ähnliche phraseologische Wendung mit dem Toponym „Mond" bildet, wurde an dieser Stelle ein anderer Ausdruck verwendet (*możesz to spisać na straty*), der aber auch als phraseologischer Ausdruck gilt. Die beiden Beispiele sind als partielle phraseologische Äquivalente zu bezeichnen (andere syntaktische Struktur, aber die gleiche denotative Bedeutung). Die stilistische Ebene ist in beiden Fällen als „umgangssprachlich" zu beschreiben. Wie oben bereits angedeutet, gehört dieser Ausdruck zur Klasse von PH, die nicht-deutsche geographische EN in sich fassen.

9. das kommt mir spanisch vor

dt. Bedeutung: jmdm. verdächtig, seltsam erscheinen (D11)

poln. Übersetzung: wydawać się dziwnym (ugs.)

dt. Markierung: ugs.

Dieser Übersetzungsvorschlag ist mit dem von GRIESBACH/SCHULZ *wydaje mi się to dziwne/podejrzane* beinahe gleichzusetzen. Vielleicht bezeichnet das im letzten Beispiel hinzugefügte Adjektiv „podejrzane“ die Bedeutung des deutschen PH sogar näher. Sowohl die Bedeutung als auch die stilistische Angabe wurden hier richtig markiert. Es kann also von einer phraseologischen Nulläquivalenz gesprochen werden (die denotativen kontextunabhängigen Hauptbedeutungen weichen voneinander ab). Durch den Bestandteil „spanisch“ wird diese Wendung zur Gruppe von PH mit nicht-deutschen Toponymen zugerechnet.

10. Zustände wie im alten Rom!

dt. Bedeutung: unmögliche, unhaltbare Zustände (D11); das sind ja üble, schlimme, unmögliche Verhältnisse! (DUDEN)

poln. Übersetzung: Ładne/co za porządki! (ugs.)

dt. Markierung: ugs.

Dieses Idiom gehört zur Klasse von PH mit nicht-deutschen toponymischen EN. Wenn die Bedeutung aus dem D11 analysiert wird, wird man zu dem Schluss kommen, dass beide Entsprechungen nicht zueinander passen. Da sich aber hinter der polnischen Übersetzung eine Form der Anrede versteckt, stimmt sie mit der Definition des deutschen PH aus dem DUDEN überein. Davon ausgehend, bilden beide Beispiele eine partielle phraseologische Äquivalenz. Die angeführte stilistische Markierung kann als gleich eingestuft werden. Obwohl der polnische PH keinen geographischen Namen in sich fasst, bildet er (insbesondere als Anrede) einen durchaus gelungenen translatorischen Vorschlag für die deutsche Wendung *Zustände wie im alten Rom!*

Zusammenfassend lässt sich zum Wörterbuch „Słownik frazeologiczny niemiecko-polski” von CZOCHRALSKI/LUDWIG sagen, dass die Autoren außer den bekanntesten PH mit Toponymen auch ein paar andere Beispiele aus dieser Gruppe von PH (besonders mit dem Lexem „Mond“) eingetragen haben, die eine recht interessante Abwechslung von anderen gut bekannten phraseologischen Lemmata mit Toponymen bieten.

Was die Übersetzungsvorschläge angeht, können diese bis auf den PH *auf/hinter dem Mond leben* als recht gelungen bezeichnet werden. Es muss auch hervorgehoben werden, dass die stilistische Ebene aller PH exakt und korrekt markiert wurde, was für die Benutzer dieses Wörterbuchs sicherlich von großer Hilfe ist.

4.3 Allgemeine Wörterbücher: „Wielki Słownik Niemiecko-Polski" von PONS

Ein bedeutsamer Vorteil der allgemeinen deutsch-polnischen Wörterbücher besteht unter anderem darin, dass sie nicht auf ein konkretes Sprachgebiet spezialisiert sind und dadurch nicht selten mehr Einträge als die phraseologischen Wörterbücher enthalten. Daher wurde das Wörterbuch „Wielki Słownik Niemiecko-Polski" von PONS als eine mögliche Quelle für Übersetzungsbeispiele von PH mit Toponymen als phraseologische Komponenten konsultiert. Aus diesem Wörterbuch stammt die Mehrheit der in dieser Arbeit analysierten Übersetzungsvorschläge. Darüber hinaus ist es ein Nachschlagewerk, das im Jahre 2007 erschienen ist und damit das aktuellste Angebot von allen großen Wörterbüchern (150 000 Lexikoneinträge auf 1296 Seiten) auf dem polnischen Wörterbuchmarkt darstellt.

Dieses Kapitel bietet einen Überblick über die im Wörterbuch von PONS gefundenen polnischen Übersetzungsbeispiele für einige idiomatische Wendungen mit geographischen EN im Deutschen und bezweckt eine kritische Analyse der im Wörterbuch „Wielki Słownik Niemiecko-Polski" verzeichneten deutschen onymischen PH mit geographischen EN.

1. über den Jordan gehen

dt. Bedeutung: sterben (D11)

poln. Übersetzung: stracić życie

dt. Markierung: geh.

Diese Wendung fasst einen geographischen EN in sich, der biblische Realien wiedergibt. Zwischen den beiden PH besteht eine phraseologische Nulläquivalenz, d.h., in der polnischen Sprache gibt es kein direktes Pendant für die deutsche Wendung bezüglich ihrer denotativen Bedeutung. Die beste translatorische Methode ist es, hierfür den deutschen Ausdruck zu umschreiben. Dieser Methode haben sich die Autoren bedient und den PH ins Polnische mit „stracić życie" übersetzt. Da der Markierung der gehobene Stil zugeschrieben wurde, lautet die Übersetzung so wie oben veranschaulicht und nicht „umrzeć."

2. der/ein Gang nach Canossa

dt. Bedeutung: ein als erniedrigend empfundener Bittgang (D11)

poln. Übersetzung: pójście do Canossy

dt. Markierung: fig.

Beim Vergleich der beiden Wörterbucheinträge handelt es sich hierbei um eine totale phraseologische Äquivalenz. Die beiden PH sind sowohl im Polnischen als auch im Deutschen anzutreffen. Die Wendung wurde wortwörtlich ins Polnische übernommen. Das einzige Problem bei der polnischen Variante ist die historische Bedeutung, die dem polnischen Rezipienten wohl verborgen bleibt, da deren Erschließung spezielles fachliches Wissen einfordert. Aus diesem Grund wäre an dieser Stelle eine zusätzliche Paraphrase angebracht, die dem Leser die Möglichkeit gibt, den semantischen Inhalt dieser Wendung nachzuvollziehen, ohne zusätzlich ein phraseologisches Wörterbuch dabei zu konsultieren. Unter etymologischem Gesichtspunkt gehört diese phraseologische Wendung der Klasse von PH an, die auf geschichtliche Fakten und Ereignisse rekurrieren.

3. einen Canossagang antreten

dt. Bedeutung: als erniedrigend empfundener Bittgang (D11)

poln. Übersetzung: iść (pójść) do Canossy (Kanossy) (geh.)

dt. Markierung: geh.

Dieser PH zählt zur Klasse von Wendungen, die auf geschichtliche Ereignisse und Fakten zurückgeführt werden können. Diese Wendung ist eine Variante des unter dem Punkt 2 angeführten PH. Ein Problem bildet hier die Form der Wendung „einen Canossagang antreten" aus dem PONS-Wörterbuch, das in den anderen analysierten Nachschlagewerken nicht verzeichnet wurde. Die einzige angetroffene Form war *der/ein Gang nach Canossa* mit nominativem Charakter. Die Bedeutung dieser Wendung wurde im PONS-Wörterbuch exakt wiedergegeben, da es im Polnischen ein totales phraseologisches Äquivalent für diesen PH gibt. Die stilistischen Angaben der beiden Ausdrücke stehen im Einklang. Sie wurden als „gehoben" klassifiziert, was impliziert, dass sie nur in gewissen Texten und eher selten in der gesprochenen Sprache eingesetzt werden. Bedauerlicherweise wurde in keinem der beiden Nachschlagewerke angegeben, dass es sich hierbei um die Markierung „bildungssprachlich" handelt. Der kulturelle und historische Hintergrund bei diesem PH ist für die meisten Wörterbuchbenutzer wohl nicht mehr abrufbar und erfordert die Verwendung eines etymologischen Wörterbuches. Die Entschlüsselung der Bedeutung dieser phraseologischen Wendung setzt überdurchschnittliche Kenntnisse aus dem kulturellen sowie geschichtlichen Bereich voraus, was durch eine entsprechende Markierung vermerkt werden sollte.

4. ausgehen wie das Hornberger Schießen

dt. Bedeutung: (nach großer Ankündigung) ohne ein Ergebnis enden (D11)

poln. Übersetzung: skończyć się bez rezultatu

dt. Markierung: -

Dieser PH zählt zur Gruppe phraseologischer Einheiten mit toponymischen EN, die auf volkstümliche Sagen, Legenden oder Märchen zurückgeführt werden können. Dabei handelt es sich wieder um den Fall einer phraseologischen Nulläquivalenz. Die Autoren beschlossen, die Bedeutung mit Hilfe einer Paraphrase wiederzugeben. Dies liegt darin begründet, dass der phraseologische Ausdruck auf deutsche Realien Bezug nimmt und in der polnischen Sprache keine Konnotationen hervorruft. Daher wäre es unzweckmäßig, den PH wörtlich in die ZS zu übernehmen. Man könnte womöglich den Versuch wagen, diese Wendung mit Hilfe eines anderen PH zu übersetzen. Denkbar wäre hier die polnische Wendung *z małej chmury duży deszcz*, welche die Bedeutung des deutschen PH deutlicher veranschaulicht und den beiden Ausdrücken eine partielle phraseologische Äquivalenz verleiht.

5. ägyptische Finsternis

dt. Bedeutung: tiefste Finsternis (D11/DUDEN)

poln. Übersetzung: egipskie ciemności

dt. Markierung: ugs.

In der polnischen Sprache existiert eine direkte Entsprechung des deutschen PH und damit kann in diesem Falle von einer totalen phraseologischen Äquivalenz zwischen den beiden Wendungen die Rede sein. Da der PH aus dem Alten Testament stammt, das in beiden Kulturen ein bedeutendes Werk darstellt, ist er in beiden untersuchten Sprachen zugegen. Die Markierung „umgangssprachlich" lässt sich in beiden Nachschlagewerken nur bei der deutschen Version finden. Im Wörterbuch von PONS wurde diese idiomatische Wendung bezüglich ihres stilistischen

Inhalts überhaupt nicht eingestuft. Der Ausdruck kann zu den PH gerechnet werden, die biblische Realien wiedergeben.

6. das ist chinesisch für mich

dt. Bedeutung: völlig unverständlich für jmdn. sein und daher einem Gespräch, einer Erklärung o. Ä. nicht folgen können (DUDEN)

poln. Übersetzung: to dla mnie chińszczyzna

dt. Markierung: ugs.

Hierbei handelt es sich um eine partielle phraseologische Äquivalenz. Obwohl die denotative Bedeutung gleich ist, weichen die lexikalischen Komponenten „chinesisch" und „chińszczyzna" auf der syntaktischen Ebene voneinander ab. Im Falle des deutschsprachigen PH handelt es sich um ein Adjektiv, im Falle des polnischen PH um ein Substantiv, was die beiden PH bezüglich ihrer Syntax nicht kongruent macht. Eine andere denkbare Übersetzung wäre *to dla mnie czarna magia*, das auch idiomatisch ist. Die Bedeutung des PH, die das Nachschlagewerk zur Verfügung stellt, ist jedoch noch besser und unbestritten als gelungen zu bezeichnen. Obgleich das Wörterbuch von PONS keine Markierung zum polnischen Übersetzungsvorschlag angibt, kann der stilistische Inhalt des polnischen Ausdrucks ebenfalls als „umgangssprachlich" eingestuft werden. Der PH zählt zu idiomatischen Wendungen, die nicht-deutsche Toponyme beinhalten.

7. jmdm. spanisch vorkommen

dt. Bedeutung: jmdm. verdächtig, seltsam erscheinen (D11/DUDEN)

poln. Übersetzung: coś wydaje się komuś dziwne

dt. Markierung: ugs.

Der phraseologische Ausdruck beinhaltet einen nicht-deutschen geographischen EN. Da es im Bestand polnischer PH keine Wendung *coś wydaje się komuś hiszpańskie* gibt, mussten sich die Autoren einer Paraphrase bedienen, um die Bedeutung des deutschen PH zu vermitteln. Deshalb ist hier von einer phraseologischen Nulläquivalenz zu sprechen. Der semantische Ausdruck des Idioms stimmt mit dem semantischen Inhalt der polnischen Übersetzung überein.

8. wie Gott in Frankreich leben

dt. Bedeutung: im Überfluss leben (D11/DUDEN)

poln. Übersetzung: żyć jak pączek w maśle

dt. Markierung: ugs.

Da in der polnischen Sprache kein phraseologisches Bild vorhanden ist, das durch die gleichen Wortgruppen repräsentiert würde, musste in diesem Falle ein anderer PH als Übersetzungsvorschlag eingesetzt werden. Die Autoren entschlossen sich für eine andere Wendung als die Autoren des Bandes „1000 idiomów niemieckich", welche die Übersetzung *żyć jak u Pana Boga za piecem* vorschlugen. Da dieser PH die gleiche denotative Bedeutung wie *żyć jak pączek w maśle* hat, kann man die beiden polnischen Wendungen als phraseologische Synonyme bezeichnen. Dementsprechend bietet die obige polnische Variante eine solide Übersetzungsmöglichkeit für den deutschen Lexikoneintrag: sowohl hinsichtlich des Inhalts als auch der angeführten Markierungen. Auch hier geht es um einen nicht-deutschen Toponym als phraseologischer Bestandteil.

9. hinter schwedischen Gardinen

dt. Bedeutung: im Gefängnis (D11/DUDEN)

poln. Übersetzung: za kratkami

dt. Markierung: ugs., scherzh.

Genauso wie im Buch „1000 idiomów niemieckich" ist diese Übersetzung hinsichtlich der Stilebene angemessen. Obgleich zwischen den beiden Wendungen keine phraseologische Äquivalenz besteht, darf nicht versucht werden, die Wendung ins Polnische wortwörtlich zu übertragen. Die stilistischen Merkmale der beiden Einträge wurden beibehalten, was der polnischen Übersetzung *za kratkami* als einer in der Umgangssprache verwendeten und scherzhaften Wendung entspricht. Dieser PH zählt zu Idiomen mit nicht-deutschen geographischen EN.

10. Eulen nach Athen tragen

dt. Bedeutung: etw. Überflüssiges tun (D11/DUDEN)

poln. Übersetzung: wozić drwa do lasu

dt. Markierung: bildungsspr.

In Anbetracht des etymologischen Aspekts gehört diese phraseologische Wendung der Klasse von PH an, die ein nicht-deutsches Toponym in sich fassen. Wie aus der obigen Kurzbeschreibung ersichtlich wird, besteht zwischen den beiden Ausdrücken eine partielle phraseologische Äquivalenz. Anstelle einer wörtlichen Übersetzung, die dem polnischen Leser keine translatorische Hilfe zu bieten hätte, hat man sich hier für ein Idiom entschieden, das die gleiche denotative Bedeutung enthält. Wie im Falle des Eintrags aus dem Wörterbuch „1000 idiomów niemieckich" käme hier noch eine andere Übersetzung in Frage, nämlich: *wozić sól do Wieliczki.* Diese Übersetzung ist nur insofern adäquater, als dass ein geographischer EN an der Gesamtbedeutung des PH beteiligt ist.

11. auf gut Deutsch

dt. Bedeutung: unverblümt, ohne Beschönigung (D11/DUDEN)

poln. Übersetzung: prosto z mostu, bez ogródek

dt. Markierung: ugs.

PONS schlägt hierbei eine Übersetzung vor, die im „1000 idiomów niemieckich" fehlte und die von mir als eine denkbare Übersetzungsvariante an einer früheren Stellle bereits vorgebracht wurde. Der deutsche PH und seine polnische Übersetzung stellen somit den Fall einer partiellen phraseologischen Äquivalenz dar (dieselbe denotative Bedeutung, andere lexikalisch-grammatische Struktur). Schließlich kann festgestellt werden, dass das Wörterbuch sowohl den semantischen Inhalt als auch die stilistische Ebene dieser Wendung gut wiedergibt. Die phraseologische Einheit *auf gut Deutsch* zählt zu den PH mit deutschen Toponymen.

12. der gordische Knoten

dt. Bedeutung: -

poln. Übersetzung: węzeł gordyjski

dt. Markierung: -

Dieser PH, der zu Redensarten gehört, die auf geschichtliche Ereignisse und Fakten rekurrieren, war in dieser Form in keinem der zu Rate gezogenen deutschen Nachschlagewerke zu finden. Die gefundene Form lautet *den gordischen Knoten durchhauen*, was so viel wie „eine schwierige Aufgabe verblüffend einfach lösen" (DUDEN) bedeutet. Auch im „Wielki słownik niemiecko-polski" kann dieser PH in dieser Form nicht gefunden werden, was eine Abweichung von der üblichen Gestalt dieser idiomatischen Wendung zeigt. Den polnischen Lexikoneintrag kann man mit „skomplikowana, trudna lub niemożliwa do rozwiązania sytuacja" (SFJP) umschreiben. Somit hätte man bestenfalls sowohl den Ausdruck *der gordische Knoten* als auch *den gordischen Knoten durchhauen* ins Wörterbuch aufnehmen sollen. Die zweite Wendung ist im Deutschen häufiger als die nominale Version des PH anzutreffen.

13. babylonische Sprach(en)verwirrung

dt. Bedeutung: Vielfalt von Sprachen, die an einem Ort gesprochen werden (und deren Sprecher einander nicht richtig verstehen) (D11/DUDEN)

poln. Übersetzung: wieża Babel

dt. Markierung: bildungsspr.

Zwischen den beiden PH besteht eine partielle phraseologische Äquivalenz. Die denotative Bedeutung ist ähnlich, die grammatischen Formen der beiden Lemmata weichen jedoch voneinander ab. Sicherlich ist die Markierung „bildungssprachlich" eine wichtige Information für den Wörterbuchbenutzer, da bei dieser Wendung konkretes historisches Wissen erforderlich ist, um die phraseologische Bedeutung zu entschlüsseln. Was den Übersetzungsvorschlag betrifft, so ist dieser als gelungen einzuschätzen. Das polnische phraseologische Wörterbuch von SKORUPKA führt die Definition der Wendung *wieża Babel* als „zbiorowisko ludzi mówiących różnymi językami" an, was der denotativen Bedeutung des deutschen Ausdrucks völlig entspricht. Das Einzige, was zu einem besseren Verständnis der phraseologischen Bedeutung der polnischen Wendung beitragen könnte, wäre eine kurze Paraphrase ihres semantischen Inhalts, da sie ebenfalls als „bildungssprachlich" markiert und nicht auf Anhieb erschließbar ist. Diese Wendung rekurriert auf biblische Realien.

14. Zustände wie im alten Rom

dt. Bedeutung: unmögliche, unhaltbare Zustände (D11/DUDEN)

poln. Übersetzung: Sodoma i Gomora

dt. Markierung: ugs.

Dieses Beispiel kann als PH mit einem nicht-deutschen Toponym eingestuft werden. Hier wurde der deutsche PH *Zustände wie im alten Rom* mit Hilfe eines phraseologischen Ausdrucks ins Polnische übersetzt. Die denotative Bedeutung ist gleich, sodass von partieller phraseologischer Äquivalenz gesprochen werden kann. Die stilistischen Angaben sind jedoch unterschiedlich, da die deutsche Wendung als „umgangssprachlich" auftritt, während ihre polnische Entsprechung der Bildungssprache zuzurechnen ist. Dementsprechend ist die Bedeutung des deutschen PH einfacher zu erschließen als die polnische. Erstaunlicherweise wurde die Wendung *Sodoma i Gomora* nicht als ein selbstständiges Stichwort in diesem Nachschlagewerk aufgelistet. Dies wäre sicherlich eine Hilfe für diejenigen, die die Bedeutung dieses phraseologischen Ausdrucks nicht kennen.

15. russisches Roulette spielen

dt. Bedeutung: die Trommel eines Revolvers mit nur einer Patrone laden, drehen und dann abdrücken (Röhrich)

poln. Übersetzung: grać w rosyjską ruletkę

dt. Markierung: -

Bei diesem Übersetzungsbeispiel handelt es sich um eine totale phraseologische Äquivalenz. Dieser Ausdruck, der zur phraseologischen Klasse mit nicht-deutschen Toponymen gehört, ist sowohl im Deutschen als auch im Polnischen vorhanden. Dies ermöglichte den Autoren des Wörterbuchs die polnische Wendung, welche die gleiche denotative Bedeutung und die gleiche Struktur besitzt, als eine adäquate Übersetzung für den deutschen PH zu verwenden. In beiden Fällen wurden keine Markierungen angeführt.

16. dann bin ich der Kaiser von China

dt. Bedeutung: dass ..., glaube ich nicht (D11)

poln. Übersetzung: to mi tu kaktus wyrośnie

dt. Markierung: -

Der semantische Inhalt des deutschen PH wurde ins Polnische angemessen transferiert. Obwohl in beiden Wörterbüchern keine stilistischen Angaben gemacht wurden, stimmen die beiden Wendungen überein, da sie in dieser Hinsicht die umgangssprachliche Ebene vertreten. Da die beiden Ausdrücke die gleiche denotative Bedeutung tragen, sind sie als partielle phraseologische Äquivalente zu bezeichnen. Bei diesem phraseologischen Ausdruck wären auch andere Übersetzungsvorschläge nicht ausgeschlossen wie etwa *..., to ja jestem święty* oder *..., to ja jestem papież*. Es handelt sich bei diesem Beispiel wieder um einen Ausdruck, der zu den PH mit nicht-deutschen geographischen EN zählt.

17. noch ist Polen nicht verloren

dt. Bedeutung: noch ist nicht alles verloren, ist die Lage nicht aussichtslos (D11)

poln. Übersetzung: jeszcze Polska nie zginęła, jeszcze nie wszystko stracone

dt. Markierung: -

Durch das Toponym „Polen“ kann die gesamte Wendung als ein PH mit einem nicht-deutschen geographischen EN klassifiziert werden. In beiden Nachschlagewerken sind keine stilistischen Anmerkungen enthalten. Das Übersetzungsbeispiel *jeszcze Polska nie zginęła* kann als gelungen gelten. Diese wortwörtliche Übersetzung steht im Einklang mit ihrer deutschen Entsprechung, da die Anfangsworte der 1797 von Józef WYBICKI gedichteten polnischen Nationalhymne meist mit just dieser Phrase ins Deutsche übertragen werden.

18. in Rom gewesen sein und den Papst nicht gesehen haben

dt. Bedeutung: das Wichtigste nicht gesehen, nicht bemerkt haben (D11/DUDEN)

poln. Übersetzung: być w Rzymie i papieża nie widzieć (fig.)

dt. Markierung: bildungssprachlich

Die beiden Entsprechungen bilden eine totale phraseologische Äquivalenz. Sowohl die Struktur als auch die denotative Bedeutung sind gleich. Was die stilistische Ebene der beiden Einheiten anbelangt, wurde die deutsche mit der Markierung „bildungssprachlich" versehen, wobei die polnische Version über solch eine Angabe nicht verfügt. Sie besitzt nur die Markierung „figurativ". Auch hier handelt es sich um ein nicht-deutsches Toponym.

19. alle Wege führen nach Rom

dt. Bedeutung: es gibt mehrere Möglichkeiten, ein Ziel zu erreichen (D11)

poln. Übersetzung: wszystkie drogi prowadzą do Rzymu

dt. Markierung: -

Dieses Paar bildet ein Beispiel für eine totale phraseologische Äquivalenz. Es liegen diesem sowohl die gleiche Struktur als auch der gleiche denotative Inhalt zugrunde. Die Bedeutung wurde gelungen wiedergegeben, sodass an diesem Übersetzungsvorschlag nichts zu beanstanden ist. Zu den beiden PH wurden keine stilistischen Informationen angegeben.

Ausgehend von diesem phraseologischen Ausdruck kann man auf interessante Wörterbucheinträge stoßen. Im phraseologischen Wörterbuch D11 sind die beiden PH *alle Wege führen nach Rom* und *viele Wege führen nach Rom* als zwei Varianten desselben PH aufgelistet, bei denen nur die onymischen Konstituenten variieren. Der DUDEN hingegen gibt für die Wendung *alle Wege führen nach Rom* eine einzige und zwar völlig abweichende Bedeutung an, nämlich: „münden in die katholische Kirche." Folgt man dieser Bedeutung, müsste zwischen den beiden PH strikt unterschieden werden und dürfte sie nicht als phraseologische Varianten einstufen. Man kann aber wohl die Ansicht vertreten, dass diese vom DUDEN angeführte Bedeutungserklärung nicht so gebräuchlich ist, da sie in anderen deutschen phraseologischen und allgemeinen Wörterbüchern nicht präsent ist. Ebenso wie oben gehört dieses Toponym zur Klasse der nicht-deutschen geographischen EN.

20. das sind böhmische Dörfer für mich

dt. Bedeutung: mit etw. nichts anfangen können, weil man es nicht versteht (D11)

poln. Übersetzung: to dla mnie czarna magia

dt. Markierung: ugs.

Unter etymologischem Aspekt kann der geographische EN bei diesem PH als einer mit nicht-deutschen EN eingestuft werden. Sein semantischer Inhalt wurde ins Polnische richtig übertragen. Die beiden PH haben die gleiche denotative Bedeutung und bilden daher ein Paar partieller phraseologischer Äquivalente. Was die stilistische Ebene anbelangt, so wurde diese ebenfalls zutreffend wiedergegeben.

Leider existiert im Polnischen keine genaue Entsprechung für die deutsche Wendung *das sind böhmische Dörfer für mich*. An dieser Stelle wäre eine andere Übersetzungsmöglichkeit vorzuschlagen: *to dla mnie (jak) czeski film*. Die stilistische Angabe entspricht ihrer deutschen Variante und die Wendung beinhaltet sogar einen geographischen EN, der auf die Tschechische Republik anspielt. Offen bleibt die Frage, inwieweit der PH dem polnischen Benutzer geläufig ist oder zugespitzt formuliert, ob der PH nicht als zu modern und/oder umgangssprachlich erscheint.

21. siamesische Zwillinge

dt. Bedeutung: (meist an der Brust oder am Rücken, auch an den Köpfen) miteinander verwachsene eineiige Zwillinge (DUDEN)

poln. Übersetzung: bliźnięta syjamskie

dt. Markierung: -

Dieser PH bereitet keine translatorischen Schwierigkeiten. Die beiden Ausdrücke sind als äquivalent anzusehen und haben somit sowohl die gleiche Form als auch die gleiche denotative Bedeutung. Weder beim deutschen noch beim polnischen Ausdruck wurden stilistische Angaben angeführt. Die Wendung wird in beiden Sprachen verwendet und ihre denotative Bedeutung ist somit für den Sprachbenutzer leicht erschließbar. Der PH kann zur Gruppe von PH mit nicht-deutschen Toponymen gezählt werden.

22. spanische Wand

dt. Bedeutung: Klappwand, Wandschirm (D11)

poln. Übersetzung: parawan

dt. Markierung: -

In diesem Falle kann nur von einer phraseologischen Nulläquivalenz die Rede sein. Die polnische Übersetzung ist kein PH und besitzt eine andere Form (einwörtlicher Ausdruck). Die Herkunft dieser deutschen Wendung ist unklar und gegenwärtig nicht mehr nachvollziehbar. Im Polnischen existiert kein wörtlicher Übersetzungsvorschlag, weshalb die Autoren das Wort *parawan* verwendet haben. Die stilistische Ebene beider Ausdrücke wurde nicht markiert. Auch in diesem Fall handelt es sich um eine Redewendung mit einem nicht-deutschen Toponym.

23. bis dahin fließt noch viel Wasser den Bach (Rhein) hinunter

dt. Bedeutung: das dauert noch eine lange Zeit (D11)

poln. Übersetzung: do tego czasu jeszcze dużo wody upłynie

dt. Markierung: -

Dieser PH mit dem Flussnamen „Rhein“ als Variante mündet in deutsche Realien. Die Autoren haben sich hier eines phraseologischen Ausdrucks bedient, der in Verbindung mit der gleichen denotativen Bedeutung der Gruppe partieller phraseologischer Äquivalente zugeordnet werden kann. Der Übersetzungsvorschlag kann mithin als gelungen bezeichnet werden. Es wurden keine stilistischen Informationen angegeben. Als eventuelle Ergänzung der Bedeutung der polnischen Variante könnte die präpositionale Gruppe „w Wiśle“ gelten, da dieser PH ebenfalls in der Form *(do tego czasu) jeszcze dużo wody upłynie w Wiśle* existiert. In diesem Falle wäre die Übersetzung noch präziser, da sie auch ein Toponym beinhaltet.

Abschließend lässt sich sagen, dass das Wörterbuch von PONS relativ viele PH mit geographischen Namen im Vergleich mit den anderen konsultierten Nachschlagewerken enthält. Davon ausgehend, dass die Gruppe phraseologischer Wendungen eine viel weniger populäre Gruppe als beispielsweise PH mit Tierbezeichnungen oder Körperteilen als Komponenten darstellt, bilden die 23 aufgelisteten PH eine zahlreich repräsentierte Klasse.

Was die von PONS zur Verfügung gestellten Übersetzungsvorschläge für polnische PH mit Toponymen anbelangt, sind sie meistens angemessen und entsprechen ihren deutschen Varianten. Nur in einigen Fällen wären genauere Übersetzungen angebracht, die die phraseologische Bedeutung des jeweiligen deutschen PH womöglich besser aufzeigen würden (z.B. mit Hilfe einer polnischen phraseologischen Entsprechung). Ein anderer Kritikpunkt ist die Tatsache, dass manche Wörterbucheinträge im Vergleich zu ihren deutschen Äquivalenten geändert wurden, wodurch sie nicht als die gebräuchlichsten Varianten eines bestimmten PH anzusehen sind.

Zusammenfassend lässt sich sagen, dass die Wörterbücher GRIESBACH/SCHULZ: „1000 idiomów niemieckich" und CZOCHRALSKI/LUDWIG: „Słownik frazeologiczny niemiecko-polski" ungefähr die gleiche Anzahl von PH mit Toponymen (8 und 10) beinhalten. Dazu soll erwähnt werden, dass die Autoren fast die gleichen phraseologischen Einheiten mit geographischen EN in ihre Wörterbücher aufgenommen haben. Die meisten Beispiele zählen zur Gruppe gängiger und von deutschen Rezipienten oft oder ziemlich oft benutzten PH mit Toponymen. Die meisten dieser PH beinhalten einen nicht-deutschen EN.

Was das Nachschlagewerk von PONS anbetrifft, so lassen sich in diesem allgemeinen Wörterbuch mehrere idiomatische Wendungen mit geographischen EN finden. Innerhalb der 23 Einträge gibt es Beispiele für PH, die in den anderen Wörterbüchern ebenfalls vorkommen. Die übrigen phraseologischen Wendungen mit Toponymen sind ebenfalls gängig bis auf solche Beispiele wie *ausgehen wie das Hornberger Schießen* oder *chinesisch für jmdn. sein*. Dabei treten auch umgangssprachliche Ausdrücke wie beispielsweise *dann bin ich der Kaiser von China* auf, was zur Vielfalt dieser Beispiele beiträgt. Aufgrund ihrer Etymologie lassen sich unter allen angesprochenen PH Repräsentanten recht verschiedener Gruppen entdecken: Angefangen bei solchen, die auf biblische Realien rekurrieren oder nicht-deutsche Toponyme enthalten, bis hin zu solchen, die ihre Wurzeln in der Mythologie haben.

5. Umfrage zum Bekanntheits- und Gebräuchlichkeitsgrad onymischer Phraseologismen mit geographischen Eigennamen im Deutschen

Hypothese:

Es kann vermutet werden, dass die deutschen phraseologischen Wendungen mit Toponymen meist veraltet sind und ihr Gebrauch in der heutigen Gegenwartssprache eher selten ist.

Es wird davon ausgegangen, dass die Mehrheit der in der vorliegenden Arbeit angeführten und analysierten deutschen PH mit geographischen EN als Bestandteil in der Alltagskommunikation eher selten verwendet wird. Daher verzichten die Lexikographen darauf, diese Ausdrücke in deutsch-polnische Wörterbücher als Lemmata aufzunehmen. Wie bereits erwähnt, richtet man sich bei der Gestaltung eines Nachschlagewerkes sowohl nach der subjektiven Ansicht des Autors als auch nach der Gebräuchlichkeit bestimmter Wendungen, die letztendlich ihren Platz im Wörterbuch finden. Da in den analysierten Wörterbüchern insgesamt lediglich 28 unikale Übersetzungsbeispiele für PH mit Toponymen zu finden sind, müsste sich dafür eine plausible Begründung finden lassen.

Mit Hilfe dieser Umfrage soll ebenfalls die Frage erörtert werden, ob die in den untersuchten deutsch-polnischen Wörterbüchern vorhandenen PH mit Toponymen über einen gewissen Bekanntheits- und Gebräuchlichkeitsgrad unter deutschen Muttersprachlern verfügen oder ob ihre Präsenz in den eingangs erwähnten Nachschlagewerken völlig willkürlich ist.

Der Vollständigkeit halber wurden in der Umfrage alle während der Untersuchungsphase gefundenen PH mit geographischen Bestandteilen aufgelistet. Es kann davon ausgegangen werden, dass die Mehrheit der Wendungen den Probanden nicht geläufig ist, zumal diese auch nicht in kleineren einsprachig-deutschen Wörterbüchern präsent sind. Nicht selten sind einige dieser Ausdrücke nur in phraseologischen mehrbändigen Nachschlagewerken mit der Markierung „veraltet“ vorzufinden.

5.1 Teilnehmer

An der Umfrage haben 34 Personen teilgenommen. Allesamt deutsche Muttersprachler. Die Auswahl der Probanden erfolgte willkürlich, was sich darin widerspiegelt, dass die Versuchspersonen beiderlei Geschlechts, unterschiedlichen Alters und Berufs sowie unterschiedlicher Herkunft sind. Was die studentische Gruppe unter den Probanden anbetrifft, waren die meisten von den Befragten Studierende des Faches Deutsch als Fremdsprache. Unter ihnen haben sich aber auch Studenten der Geographie befunden. Ebenso unterschiedlich wie die Herkunft der Probanden waren auch ihre Kenntnisse auf dem Gebiet der Phraseologie. Manche unter ihnen haben sich mit diesem Thema in ihrem Studium beschäftigt, anderen waren die Termini „Phraseologismus“ und „Toponym“ völlig fremd. Alle Probanden wurden für die Teilnahme an der Umfrage nicht bezahlt und haben freiwillig teilgenommen.

5.2 Korpus

Das Korpus stellt eine Tabelle mit 92 deutschen PH mit geographischen EN dar, die sowohl recht alte als auch moderne und häufig in der deutschen gesprochenen Sprache benutzten PH enthält. Auf der linken Seite der Tabelle befinden sich Beispiele für deutsche PH mit Toponymen. Die rechte Tabellenspalte gibt den Bekanntheits- und Gebräuchlichkeitsgrad des jeweiligen PH an. Das phraseologische Korpus wurde anhand wissenschaftlicher Aufsätze, Dissertationen und phraseologischer sowie allgemeiner Nachschlagewerke zusammengestellt. Jede phraseologische Wendung aus der Tabelle wurde hinsichtlich ihrer Definition im jeweiligen Wörterbuch nachgeschlagen. In der Tabelle befinden sich mithin ausschließlich PH, die als Lemmata in einem der konsultierten deutschen Wörterbucher zu finden sind. Wenn die PH weder in allgemeinen deutschen noch phraseologischen Wörterbüchern zu finden waren, so wurde geschlussfolgert, dass die gegebene Wendung überhaupt nicht gebräuchlich oder zumindest recht ungebräuchlich ist. Die Reihenfolge der in der Tabelle aufgelisteten PH ist willkürlich gewählt und sollte für die Probanden keine Rückschlüsse auf die Forschungsfragen zulassen.

5.3 Durchführung

Die Umfrage wurde per E-Mail verschickt oder den Probanden persönlich zur Verfügung gestellt. Die Zeit zur Beantwortung der Umfrage war für die Versuchspersonen nicht begrenzt, es war also kein Zeitlimit festgelegt. Zur Umfrage gehörte eine kurze Anleitung, die den Versuchspersonen bei der Ausfüllung des Fragebogens helfen und eventuelle Unklarheiten beseitigen sollte. Den Teilnehmern wurden folgende Instruktionen gegeben:

Instruktion:

Liebe Versuchsperson,

die Umfrage, an der Du gerade teilnimmst, besteht aus 2 Teilen:

Der 1. Teil ist eine Vorbereitung auf die Umfrage. Es handelt sich hier um Angaben zu Deiner Person.

Der 2. Teil ist die Umfrage selbst. In diesem Teil werden Fragen über die Bekanntheit und Gebräuchlichkeit deutscher Phraseologismen mit Toponymen (geographischen Eigennamen) gestellt. Deine Aufgabe besteht darin, zu jedem Phraseologismus zwei Fragen zu beantworten: nämlich inwieweit Dir der Phraseologismus geläufig ist (bekannt, ziemlich bekannt, unbekannt) und wie oft Du den Phraseologismus benutzen würdest (oft, ziemlich oft, niemals).

Die Umfrage soll als empirische Basis für meine Forschungsarbeit zum Thema „Deutsche Phraseologismen mit Toponymen und das Problem ihrer Übersetzbarkeit ins Polnische“ dienen. Deine Teilnahme wäre eine große Hilfe für mich.

Vielen Dank!

Nach den einleitenden Anweisungen wurde die eigentliche Umfrage durchgeführt. Der erste Teil bestand aus allgemeinen Fragen, die für die Erhebung des Probandenprofils nötig waren. Es mussten hier Name, Vorname, Studiengang und Alter angegeben werden.

Im zweiten Teil der Umfrage wurde die Aufmerksamkeit auf den Kern dieser Umfrage gelenkt. Die Versuchspersonen wurden gebeten, die Tabelle mit den Zeichen X auszufüllen. Bei jedem PH sollten also zwei X stehen: ein X als Antwort auf die Frage nach dem Bekanntheitsgrad und ein weiteres X als Antwort auf die Frage nach dem Gebräuchlichkeitsgrad der Wendung. Bei der ersten Frage standen folgende Optionen zur Auswahl: „bekannt“, „ziemlich bekannt“, „unbekannt.“ Bei der zweiten Frage waren es: „oft“, „selten“, „niemals.“ Verfügte eine Antwort über eine zu geringe oder zu große Anzahl an X (also 0, 1, 3 usw.), so galt sie als ungültig und wurde bei der Auswertung nicht in Betracht gezogen.

Eine vollständige Version der Umfrage ist im Anhang (A2) zu finden.

5.4 Evaluation der Ergebnisse

Im nachfolgenden Kapitel wird auf das Umfrageergebnis kurz eingegangen. Wie bereits erwähnt, hatte die Umfrage zum Ziel, mögliche Ursachen zu nennen, warum die PH mit Toponymen relativ selten in deutschen (phraseologischen) und deutsch-polnischen (phraseologischen und allgemeinen) Wörterbüchern erscheinen. Dem Umfrageergebnis soll die Vermutung gegenübergestellt werden, dass laut der oben angesprochenen Hypothese die Ursache in der Unbekanntheit und Ungebräuchlichkeit dieser Gruppe von phraseologischen Wendungen begründet liegt.

5.4.1 Umfrageergebnis

Im Folgenden werden die Ergebnisse der Umfrage zum Bekanntheits- und Gebräuchlichkeitsgrad onymischer Phraseologismen mit geographischen Eigennamen im Deutschen dargestellt. Zunächst wird eine Tabelle mit Zahlenwerten angeführt, die aufzeigen sollen, inwieweit einzelne PH bekannt sind und benutzt werden:

	Bekanntheitsgrad des Phraseologismus			**Gebräuchlichkeitsgrad des Phraseologismus**		
	bekannt	*ziemlich bekannt*	*unbekannt*	*oft*	*selten*	*niemals*
jmdm. spanisch vorkommen	30	2	0	14	18	0
für jmdn. spanische Dörfer sein	5	8	19	2	2	28
auf dem hohen Olymp sitzen	5	10	17	1	5	26
wie Gott in Frankreich leben	29	3	0	6	18	8
hinter schwedischen Gardinen	29	2	0	8	17	6
Eulen nach Athen tragen	15	8	9	8	4	20
auf gut Deutsch	28	2	2	20	8	4
mit jmdm. deutsch reden/sprechen	19	6	9	10	11	13
Sodom und Gomorrha	26	3	3	8	15	9

sich wie ein Reiter auf dem Bodensee fühlen	0	3	30	0	2	31
den Rubikon überschreiten	5	3	24	0	4	28
sein Waterloo erleben	13	8	11	3	7	22
Nürnberger Trichter	3	2	27	0	3	29
da ist Holland in Not	7	5	20	2	9	21
über den Jordan gehen	28	5	0	8	18	5
der/ ein Gang nach Canossa	15	6	13	3	12	19
ausgehen wie das Hornberger Schießen	8	5	19	1	6	25
etwas ist faul im Staate Dänemark	24	3	5	8	10	14
letzte Grüße aus Davos	0	3	29	0	2	30
den gordischen Knoten durchhauen	13	7	13	3	4	26
aussehen wie der Tod von Warschau/ Basel/ Ypern	1	3	28	0	0	32
er will nach Rom und fährt den Rhein hinab	0	2	30	0	1	31
darauf kann man (bis) nach Rom/ Breslau/ Paris/ Köln reiten	2	6	24	1	3	28
sie ist nach Rom gereist	0	3	29	0	1	31
man könnte nach Rom gehen und wieder kommen	0	2	29	0	0	32
Rom hat gesprochen	4	5	23	0	2	30
bis dahin läuft noch viel Wasser den Rhein/ die Elbe/ die Spree hinunter	25	6	3	8	13	13
Rom ist auch nicht an einem Tag erbaut worden	31	3	0	13	13	8
ägyptische Finsternis	1	2	30	0	1	32
Asbach uralt	28	3	2	8	18	17
babylonische Sprachverwirrung/ babylonisches Sprachgewirr	13	7	12	2	7	23
mit Alsterwasser/ Spreewasser getauft sein	4	7	21	1	3	28

ob/wenn in Peking ein Fahrrad/Sack Reis umfällt	20	5	6	8	11	12
fern von Madrid	3	1	29	0	0	33
ab nach Kassel!	3	2	28	1	0	32
in Buxtehude, wo die Hunde mit dem Schwanz bellen	2	6	25	0	5	28
dann bin ich der Kaiser von China	22	9	0	7	12	12
chinesisch reden	15	11	7	9	11	13
noch ist Polen nicht verloren	9	9	14	3	9	20
in Rom gewesen sein und den Papst nicht gesehen haben	3	10	17	1	4	25
viele Wege führen nach Rom	30	2	0	22	10	0
Zustände wie im alten Rom	9	17	7	3	11	20
spanische Reiter	2	5	27	2	2	30
wie Matz von Dresden	0	0	34	0	0	34
Lethe trinken	0	1	31	0	0	32
die Fleischtöpfe Ägyptens	2	5	26	1	1	31
von Altenhausen sein	0	0	33	0	0	33
alle Wohlgerüche Arabiens	1	5	25	0	3	28
nach Balkonien verreisen	24	6	4	8	16	10
eine echte Berliner Pflanze	7	8	18	3	3	27
böhmisch einkaufen	2	3	28	0	1	32
jmdm. böhmisch vorkommen	6	1	24	1	3	27
jmdm./für jmdn. böhmische Dörfer/ein böhmisches Dorf sein	24	2	3	7	11	11
jmdn. nach Buxtehude wünschen	6	5	21	2	0	30
in/aus/nach Buxtehude	10	7	17	3	6	25
sein Damaskus erleben/seinen Tag von Damaskus erleben	1	3	27	0	2	29
nicht die feine englische Art sein	31	3	0	13	16	5

Schief ist englisch (und englisch ist modern)!	9	6	17	3	9	20
vorankommen wie die Echternacher Springprozession	0	0	32	0	0	32
englische Woche	7	3	21	0	5	26
von/ aus Flandern sein	3	5	23	1	2	28
sich (auf) französisch empfehlen/ verabschieden	3	8	21	1	5	26
spricht französisch wie die Kuh spanisch	1	3	28	0	1	33
ein Gedächtnis haben wie ein (indischer) Elefant	17	11	5	9	10	14
das mecklenburgische Wappen machen	0	0	32	0	0	32
aus/ von Dummsdorf sein	7	6	19	2	5	25
polnische Wirtschaft	7	6	19	1	4	27
nicht preußisch miteinander sein	1	2	28	0	0	33
den Papst nach Rom führen	3	7	22	1	0	31
Rheinfall bei Schaffhausen	7	7	17	1	0	30
aus Schilda kommen	9	14	10	0	10	23
von Schönhausen sein	2	5	26	0	4	29
aus Schwarzburg sein	0	1	31	0	0	32
siamesische Zwillinge	27	4	1	12	19	1
spanische Wand	8	7	17	3	5	24
spanisches Rohr	1	5	26	0	0	32
Ablass nach Rom tragen	1	8	24	0	2	31
jmd. versteht die Passauer Kunst	0	0	33	0	0	32
sein Lager bei Kandelsberg aufgeschlagen haben	0	0	33	0	0	33
so spielt man in Venedig	3	5	24	1	2	29
in den Mond gucken	14	8	11	5	9	19
aussehen wie der dumme Junge von Meißen	0	3	30	0	2	31

nach Bettlach/ nach Bettingen gehen	1	2	28	0	2	31
potemkinsche Dörfer	12	6	14	3	7	22
nach Bethlehem/ Bethanien gehen	3	7	22	2	0	30
englisch einkaufen	1	2	28	0	1	30
jetzt ist Polen offen	22	3	8	12	11	10
russisches Roulette spielen	26	3	1	8	18	4
Grüße aus Solingen	2	5	26	1	1	31
alldeutscher Gruß	3	3	27	1	3	29
bayerischer/ schwäbischer Gruß	1	2	29	0	1	31
chinesisch für jmdn. sein	5	7	20	4	5	23

5.4.2 Auswertung der Umfrageergebnisse

Das oben geschilderte Umfrageergebnis wird im Folgenden in groben Zügen erläutert.

Wie bereits erwähnt, entstammen die 34 Probanden unterschiedlichen Gesellschaftsschichten: von Studenten über arbeitstätige Personen bis hin zu Rentnern. Teilgenommen haben Probanden, die Mathematik studieren und auch solche, die Deutschlehrer im Ruhestand sind. Das Alter der Probanden lag zwischen 20 und 72 Jahren, wobei die meisten Probanden zwischen 22 und 30 waren. Es wurde ein derart breites Teilnehmerspektrum gewählt, damit sowohl die Umfrage als auch deren Ergebnisse repräsentativ erscheinen.

Wie in der Hypothese vermutet, stellte sich bei der Auswertung der Ergebnisse heraus, dass die Mehrheit der phraseologischen Wendungen mit geographischen EN den deutschen Muttersprachlern relativ unbekannt ist. Andere PH, die den deutschen Muttersprachlern gemäß der obigen Tabelle geläufig sind, werden wiederum nur sehr spärlich verwendet. Hier wird die Liste der PH angeführt, die in der Umfrage häufig angekreuzt und dabei als relativ gebräuchlich eingestuft wurden:

	Bekanntheitsgrad des Phraseologismus			Gebräuchlichkeitsgrad des Phraseologismus		
	bekannt	*ziemlich bekannt*	*unbekannt*	*oft*	*selten*	*niemals*
jmdm. spanisch vorkommen	30	2	0	14	18	0
wie Gott in Frankreich leben	29	3	0	6	18	8
hinter schwedischen Gardinen	29	2	0	8	17	6
auf gut Deutsch	28	2	2	20	8	4
mit jmdm. deutsch reden/ sprechen	19	6	9	10	11	13
Sodom und Gomorrha	26	3	3	8	15	9
über den Jordan gehen	28	5	0	8	18	5
etwas ist faul im Staate Dänemark	24	3	5	8	10	14
bis dahin läuft noch viel Wasser den Rhein/ die Elbe/ die Spree hinunter	25	6	3	8	13	13
Rom ist auch nicht an einem Tag erbaut worden	31	3	0	13	13	8
Asbach uralt	28	3	2	8	18	17
ob/ wenn in Peking ein Fahrrad/ Sack Reis umfällt	20	5	6	8	11	12
dann bin ich der Kaiser von China	22	9	0	7	12	12
viele Wege führen nach Rom	30	2	0	22	10	0
nach Balkonien verreisen	24	6	4	8	16	10
jmdm./ für jmdn. böhmische Dörfer/ ein böhmisches Dorf sein	24	2	3	7	11	11
nicht die feine englische Art sein	31	3	0	13	16	5
siamesische Zwillinge	27	4	1	12	19	1
jetzt ist Polen offen	22	3	8	12	11	10
russisches Roulette spielen	26	3	1	8	18	4

Gemäß der Hypothese, ist nur ein kleiner Teil der insgesamt 92 gefundenen PH mit Toponymen als „bekannt und relativ gebräuchlich" zu bezeichnen. Manche Idiome wie z.B. *das mecklenburgische Wappen machen* oder *vorankommen wie die Echternacher Springprozession* wurden nicht einmal angekreuzt (jeweils 0 Einträge), was den Fakt bestätigt, dass sie weder anwendbar noch verständlich für den deutschen Rezipienten sind. Zudem gibt es andere Beispiele, die lediglich der älteren Altersgruppe geläufig sind wie etwa *von Flandern sein/kommen* oder *sich (auf) französisch empfehlen/verabschieden* (jeweils 3 der Befragten). Den jüngeren Teilnehmern kamen diese PH völlig fremd vor. In der Umfrage tauchen auch umgangssprachliche und moderne Ausdrücke auf, die bei den älteren Probanden wiederum keinerlei Assoziationen hervorrufen, z.B. *in/nach/aus Buxtehude* oder *aus Schilda kommen/ein Schildbürger sein.*

Auf der anderen Seite gibt es auch einige PH, die in der deutschen Sprache weit verbreitet sind und dementsprechend oft in der Kommunikation gebraucht werden. Als Beispiele können hier die idiomatischen Ausdrücke *auf gut Deutsch* (20 von 28 Probanden, denen dieser PH geläufig ist, kreuzten es als „oft benutzt" an) oder *viele Wege führen nach Rom* (22 von 30 Probanden) dienen, die zu den bekanntesten und am meisten verwendeten PH zählen.

In Anlehnung an die phraseologischen Beispiele mit Toponymen, die in den analysierten deutsch-polnischen Nachschlagewerken anzutreffen sind, muss man sich hierzu die Frage stellen, weswegen solche Beispiele wie *ausgehen wie das Hornberger Schießen* (8 der Befragten), *ägyptische Finsternis* (1 Proband), *in Rom gewesen sein und den Papst nicht gesehen haben* (3 der Befragten), *stolz wie ein Spanier* (8) oder *spanische Wand* (auch 8) aufgelistet sind, die doch den meisten Probanden nicht geläufig sind und demzufolge auch nicht verwendet werden. Wiederum bleiben solche im Deutschen bekannten Wendungen wie *etwas ist faul im Staate Dänemark* (24 der Befragten), *Rom ist auch nicht an einem Tag erbaut worden* (31) oder *Asbach uralt* (28) in diesen Wörterbüchern unberücksichtigt.

Natürlich darf nicht außer Acht gelassen werden, dass hinter den Kriterien, die für die Auswahl der PH stehen, oft die subjektive Meinung des Lexikographen steckt. Um aber ein solides und zugleich aktuelles, lexikographisches Werk zu schaffen, müsste ebenfalls die Meinung der „muttersprachlichen Masse", also der Bekanntheits- und Gebräuchlichkeitsgrad des entsprechenden PH im Volk mit berücksichtigt werden, bevor der jeweilige PH seinen Platz im Wörterbuch findet.

6. Fazit/Schlussbemerkungen

Ziel dieser Arbeit war es, zu prüfen, inwieweit sich die deutschen onymischen PH mit geographischen EN ins Polnische übersetzen lassen. Dabei wurde auf mehrere translatorische Schwierigkeiten bei der Übertragung dieser Wendungen ins Polnische eingegangen. Besonders deutlich wurde dies bei der Analyse entsprechender PH mit Toponymen anhand sowohl phraseologischer als auch allgemeiner deutsch-polnischer Nachschlagewerke. Dabei wurde festgestellt, dass bei der Übersetzung mehrere Möglichkeiten existieren, welche die Suche nach sprachlichen Äquivalenten verkörpern.

Bei den PH, die in den beiden untersuchten Sprachen in gleicher Form anzutreffen sind und folglich dem Übersetzer keine Probleme bereiten, handelt es sich um Ereignisse, Fakten oder sprachliche Bilder, denen eine gemeinsame etymologische Herkunft zugrunde liegt. Darüber hinaus gibt es aber auch Idiome, die ausschließlich auf deutschen Realien beruhen und die nicht wortwörtlich übersetzt werden dürfen. Eine direkte Übersetzung würde in diesem Fall dazu führen, dass der polnische Muttersprachler nicht imstande wäre, den semantischen Inhalt des PH zu erschließen und dass die übertragene Bedeutung ihm im Endeffekt verborgen bliebe. Um die Bedeutung einer solchen idiomatischen Wendung zu vermitteln, muss sich anderer translatorischer Mittel bedienet werden wie etwa ein anderer phraseologischer Ausdruck, der eine ähnliche denotative Bedeutung aufweist oder, wenn es keinen solchen PH in der ZS gibt, muss behelfsweise die Bedeutung des gesamten PH paraphrasiert werden.

Ein anderes Problem, das in der vorliegenden Arbeit aufgegriffen wurde und bei dem die Meinungen auseinandergehen, ist der Begriff der Übersetzbarkeit von PH. Sie gelten als Wendungen, in denen auf einzigartige (und in vielen Völkern auch auf eigentümliche) Weise auf sprachliche Bilder zurückgegriffen wird und die daher bei vielen Autoren als unübersetzbar gelten. Demzufolge können ihnen lediglich Äquivalente aus der ZS gegenübergestellt werden, die aber nur eine Art Kompromiss zwischen dem Originaltext und dem Zieltext sind jedoch keine totale Entsprechung.

Weiterhin wurden anhand deutsch-polnischer Wörterbücher verschiedene Übersetzungsvorschläge für PH mit geographischen EN analysiert. Dabei wurde festgestellt, dass, abgesehen von einigen Fehlern oder Ungenauigkeiten, die Mehrheit der dort gefundenen PH meist gelungen ins Polnische übertragen wurde. Bei dem Übersetzungsprozess wurde versucht, sowohl möglichst viele polnische phraseologische Wendungen zu verwenden als auch Paraphrasierungen, wenn der deutsche PH über keine Entsprechung im Polnischen verfügte.

Anschließend wurde im Rahmen dieser Arbeit eine Umfrage durchgeführt, die sich zum Ziel gesetzt hat, den Bekanntheits- und Gebräuchlichkeitsgrad der PH mit Toponymen bei den deutschen Muttersprachlern zu ermitteln. Dabei stellte sich heraus, dass die Klasse der PH mit geographischen EN als Komponenten eher unbekannt und ungebräuchlich zu sein scheint, was die hinsichtlich der Umfrage aufgestellte Hypothese bestätigt. Auch wenn ein bestimmter PH als „geläufig" gilt, würde er nach den Meinungen der Befragten eher spärlich verwendet. Diese Analyse trug auch dazu bei, der Frage nachzugehen, warum just diese und nicht andere PH mit Toponymen in die untersuchten Wörterbücher aufgenommen wurden. Die Umfrage hat die These bestätigt, dass es sich in den meisten Fällen um die bekanntesten und gebräuchlichsten Wendungen handelt. Gelegentlich schien aber die Entscheidung der Lexikographen bei der Auswahl der PH willkürlich und unbegründet zu sein.

Zum Schluss sei noch gesagt, dass es heutzutage nicht viele Linguisten gibt, die sich mit den deutschen PH mit geographischen EN auseinandersetzen. Dadurch bleibt dieses Thema oft unberücksichtigt. In diesem Zusammenhang darf nicht vergessen werden, dass sich nicht selten durch gerade diese Gruppe von PH die Einzigartigkeit einzelner Sprachen und dadurch auch der Bezug auf die Herkunft ihrer Sprecher und die relevantesten nationalen Geschehnisse aufzeigen lässt.

Anhang

A1 Tabellarische Übersicht onymischer Phraseologismen mit Toponymen

Dt. PH mit Toponym	Bedeutung	Ursprung des PH	Quelle
jmdm. spanisch vorkommen	jmdm. verdächtig, seltsam erscheinen	Dieser PH geht auf die Zeit zurück, als Karl V., als Karl I. König von Spanien, die deutsche Kaiserkrone trug und die Deutschen spanische Mode, spanische Sitten und Gebräuche kennen lernten, die ihnen fremdartig und seltsam vorkamen.	D11
für jmdn. spanische Dörfer sein	jmdm. unverständlich sein	Hierbei handelt es sich um eine Abwandlung von „jmdm./für jmdn. böhmische Dörfer sein", anknüpfend an „spanisch" im Sinne von „fremdartig, seltsam."	D11
auf dem hohen Olymp sitzen	durch die eigene Überschätzung sehr arrogant und herablassend anderen gegenüber sein; niemanden an sich herankommen lassen	unklar	Röhrich

wie Gott in Frankreich leben	im Überfluss leben	Die Herkunft ist nicht eindeutig geklärt. Möglicherweise entstand sie kurz nach der Französischen Revolution, als in Frankreich für einige Zeit der „Kult der Vernunft“ an die Stelle des Christentums gesetzt wurde. Der Gott des Christentums hatte damals sozusagen keine Arbeit mehr und konnte es sich bequem machen – nach dieser Vorstellung könnte die Wendung im Volksmund entstanden sein. Nach einer anderen Erklärung ist mit „Gott“ die französische Geistlichkeit gemeint, der es bisweilen materiell sehr gut ging.	D11
hinter schwedischen Gardinen	im Gefängnis	Dieser PH stammt aus der Gaunersprache. Mit „Gardinen“ sind die Gitterstangen der Gefängnisfenster gemeint. Das Adjektiv „schwedisch“ bezieht sich auf das Material: Schwedischer Stahl gilt als besonders haltbar.	D11
Eulen nach Athen tragen	etw. Überflüssiges tun	Diese Wendung ist griechischen Ursprungs. Bei den alten Griechen galt die Eule, die in und um Athen häufig vorkam, als ein Sinnbild der Weisheit und war Attribut der Göttin Athena, der Schutzgöttin Athens.	D11

auf gut Deutsch	unverblümt, ohne Beschönigung	Mit dem Wort „deutsch“ verbindet man oft seit frühnhd. Zeit den Begriff des Klaren, Offenen und Ehrlichen, aber auch den des Derben, Groben.	D11/Röhrich
mit jmdm. deutsch reden/sprechen	jmdm. unverblümt die Wahrheit, die Meinung sagen	unklar	D11
Sodom und Gomorrha	ein Ort, Zustand höchster Verderbtheit und Unmoral	Die Wendung bezieht sich auf das Alte Testament (1.Moses 19), in dem von der Zerstörung der lasterhaften Städte Sodom und Gomorrha berichtet wird.	D11
sich wie ein Reiter auf dem Bodensee fühlen	sich wie jmd. fühlen, der etw. unternimmt, über dessen Gefährlichkeit, Tragweite er sich nicht im Klaren ist	Gustav Schwabs Ballade „Der Reiter und der Bodensee“, in der ein Mann nichts ahnend über den fest gefrorenen See reitet und als ihm die hinter ihm liegende Gefahr bewusst wird, vor Entsetzen stirbt.	D11
den Rubikon überschreiten	einen (strategisch) entscheidenden Schritt tun	Durch das Überschreiten des Rubikons mit seinem Heer löste Julius Cesar im Jahre 49 v. Chr. einen Bürgerkrieg in Rom aus, der ihn an die Macht brachte.	D11
sein Waterloo erleben	eine schlimme, vernichtende Niederlage erleben	Dieser PH spielt auf die Schlacht bei Waterloo am 18.6.1815 an, bei der Napoleon I. vernichtend geschlagen wurde.	D11

den gordischen Knoten durchhauen	eine Schwierigkeit auf verblüffend einfache Weise lösen	Dieser PH geht zurück auf Alexander den Großen [356-323 v. Chr.], der den als unentwirrbar geltenden Gordischen Knoten [nach der antiken Stadt Gordion] dadurch löste, dass er ihn mit dem Schwert durchschlug.	DUDEN
Nürnberger Trichter	eine Lernmethode, bei der sich der Lernende nicht anzustrengen braucht, sondern bei der ihm der Stoff mehr oder weniger mechanisch eingeflößt, eingetrichtert wird	Schon früh sprach man im Zusammenhang mit Lernen bildhaft von einem Trichter, mit dem jemand den Lehrstoff „eingetrichtert" bekommt. Der Nürnberger Dichter G.P. Harsdörffer veröffentlichte im Jahre 1647 ein Lehrbuch der Dichtkunst mit dem Titel „Poetischer Trichter." Wahrscheinlich in Anlehnung an diesen Buchtitel wurde der Ausdruck „Nürnberger Trichter" in der angegebenen Bedeutung allgemein geläufig.	D11
da ist Holland in Not	da ist man in großer Bedrängnis, da ist man ratlos	Der Ursprung ist nicht geklärt. Die Vermutung, sie bezöge sich auf den Niederländisch – Französischen Krieg (1672–79), wird durch die Tatsache widerlegt, dass der erste niederländische Beleg der Wendung bereits aus dem Jahr 1561 stammt.	D11

über den Jordan gehen	sterben	In der religiösen Literatur (besonders des Pietismus) wurde der Übergang der Israeliten über den Fluss Jordan oft als Eintritt in das Himmelreich aufgefasst und damit zum Symbol des Strebens; das den Israeliten verheißene Gelobte Land wird dabei mit dem Himmelreich gleichgesetzt.	D11
der/ ein Gang nach Canossa	als ein erniedrigend empfundener Bittgang	Die Fügung bezieht sich auf den Bußgang des deutschen Königs Heinrich IV. zu Papst Gregor VII., der sich zu dieser Zeit in der norditalienischen Burg Canossa aufhielt.	D11
ausgehen wie das Hornberger Schießen	(nach großer Ankündigung) ohne ein Ergebnis enden	Um die Redewendung ranken sich zahlreiche Sagen und Schwänke. Als wahrscheinlichster Ursprung wird der folgende Schwank angesehen, der im Schwarzwälder Städtchen Hornberg spielt und in zwei Versionen lebendig ist. In der einen Version wird das Pulver, das für die Böllerschüsse zur Begrüßung des Herzogs bestimmt war, versehentlich vorzeitig bei Einzug des vom Herzog vorausgeschickten Gefolges verschossen. In der anderen Version bildet das Schießen den Mittelpunkt einer geplanten großen Festveranstaltung, für die alles bis ins Kleinste vorbereitet, das Pulver jedoch vergessen worden ist.	D11

etwas ist faul im Staate Dänemark	da stimmt etwas nicht, da ist etwas nicht in Ordnung	Dieses Zitat stammt aus Shakespeares „Hamlet“ (1,4). Im Original heißt es: „Something ist rotten in the state of Denmark.“	D11
letzte Grüße aus Davos	Äußerung, mit dem man jmds. anhaltendes starkes Husten kommentiert	Dieser Ausspruch ist eine Anspielung auf die Lungenheilstätten in dem Schweizer Luftkurort.	D11
aussehen wie der Tod von Warschau/Basel/Ypern	erschreckend blass und elend aussehen	Die Wendung geht zurück auf eine wohl zur Erinnerung an die Pest in der Hauptkirche von Ypern aufgestellte Todesfigur von realistisch-schauerlichem Aussehen.	D11/Röhrich
er will nach Rom und fährt den Rhein hinab	er schlägt einen Weg ein, auf dem man nicht ans Ziel gelangen kann	unklar	Röhrich
darauf kann man (bis) nach Rom/Breslau/Paris/Köln reiten	Bezeichnung für ein stumpfes Messer	Der Messerritt ist unverkennbar ein Hexenritt und bezieht sich auf den Volksglauben: Man darf sein Messer nicht mit der Schneide nach oben legen, weil sonst die Hexen darauf nach dem Blocksberg reiten.	Röhrich
sie ist nach Rom gereist (verhüll.)	sie ist in die Wochen gekommen	unklar	Röhrich
man könnte nach Rom gehen und wieder kommen	etw. dauert ungewöhnlich lang	unklar	Röhrich

Rom hat gesprochen	die Sache ist nun endgültig entschieden	unklar	Röhrich
bis dahin läuft noch viel Wasser den Rhein/ die Elbe/ die Spree hinunter	das dauert noch eine lange Zeit	Dieser PH wurde zum ersten Mal 1507 von Heinrich Bebel in der lateinischen Sprache verzeichnet: „Interea multum aquae in Neccaro vel Rheno praeterfluit" (dt.: inzwischen ist viel Wasser im Neckar oder Rhein vorübergeflossen).	D11/Röhrich
Rom ist auch nicht an einem Tag erbaut worden	bedeutende Dinge brauchen ihre Zeit	Wie bei Wander (III, 1716, Nr. 52) bewiesen, ist diese Wendung recht alt und in allen europäischen Sprachen präsent.	D11
ägyptische Finsternis	tiefste Finsternis	Im Alten Testament (2. Mose 10, 21–23) heißt es: „Da ward eine dicke Finsternis in ganz Ägyptenland drei Tage, dass niemand den andern sah." Die Finsternis war eine der von Jahwe verhängten zehn Plagen.	D11
Asbach uralt	sehr alt, veraltet	Die sehr populäre Weinbrandmarke „Asbach uralt" wird (ähnlich wie „Uralt Lavendel") als scherzhafte Verstärkung des Wortes „uralt" verwendet.	D11
babylonische Sprachverwirrung/ babylonisches Sprachgewirr	Vielfalt von Sprachen, die an einem Ort gesprochen werden (und deren Sprecher einander nicht richtig verstehen)	Dies geht auf das 1. Buch Mose (11, 4–9) zurück, wo die Menschen in Babel aus Überheblichkeit gegen Jahwe einen Turm bis zur Höhe des Himmels bauen wollten, Jahwe sie jedoch strafte, indem er ihre Sprache verwirrte und sie in alle Länder zerstreute.	D11

mit Alsterwasser/Spreewasser getauft sein	ein geborener Hamburger/Berliner sein	unklar	D11
ob/wenn in Peking ein Fahrrad/Sack Reis umfällt	ob/wenn etw. (für mich, uns) völlig Unwesentliches geschieht	unklar	D11
fern von Madrid	weitab vom eigentlichen Geschehen	Es handelt sich hierbei um ein Zitat aus Schillers „Don Carlos" (I, 6). In dieser Szene verbannt der König die Marquisin von Mondekar vom königlichen Hof, weil sie ihre Aufgabe als Hofdame nicht so erfüllt hat, wie es von ihr erwartet wurde.	D11
ab nach Kassel!	schnell fort!	Während des Nordamerikanischen Unabhängigkeitskrieges (1775–1783) war Kassel Sammelort der für die britische Krone zwangsrekrutierten hessischen Soldaten. Diese Tatsache wird allgemein als Herkunftserklärung der Wendung angeführt. Da die Wendung jedoch erst seit Ende des 19. Jahrhunderts belegt ist, bezieht man sie auch auf die Gefangennahme Napoleons III. im Deutsch-Französischen Krieg von 1870/71, der nach Kassel-Wilhelmshöhe ins Exil geschickt wurde.	D11

in Buxtehude, wo die Hunde mit dem Schwanz bellen	in/aus/nach einem irgendwo fernab gelegenen, unbedeutenden kleinen Ort	In Wirklichkeit heißt es: „wo die Glocken mit dem Tau geläutet werden." Die Glocke einer der ältesten dt. Kirchen aus dem 13. Jh. in Buxtehude wurde mit Tau und Klöppel geläutet. „Hunte" sind Glocken, „bellen" heißt läuten; der „Schwanz" ist das aufgefranste Ende des Glockentaus.	Röhrich
dann bin ich der Kaiser von China	dass ..., glaube ich nicht	unklar	D11
chinesisch reden	Unverständliches sagen	unklar	Röhrich
noch ist Polen nicht verloren	noch ist nicht alles verloren, ist die Lage nicht aussichtslos	Dieser PH hat sich aus den Anfangsworten der 1797 von Józef Wybicki gedichteten Nationalhymne entwickelt.	D11
in Rom gewesen sein und den Papst nicht gesehen haben	das Wichtigste nicht gesehen, nicht bemerkt haben	Dieser Ausdruck wurde schon in einem Fastnachtsspiel von 1457 gebraucht: „Als sei er zu Rom gewesen und hab den babst nit gesehen."	D11/Röhrich
viele Wege führen nach Rom	es gibt mehrere Möglichkeiten, ein Ziel zu erreichen	Die Herkunft ist unklar. Sie geht wohl von der Vorstellung aus, dass Rom der (geistige) Mittelpunkt der Welt ist, während das Sprichwort „Alle Wege führen nach Rom" in dem Sinne zu verstehen ist, dass alle Wege in die katholische Kirche münden.	D11
Zustände wie im alten Rom	unmögliche, unhaltbare Zustände	Dieser Vergleich gehört der Studentensprache des 20. Jh. an.	D11/ Röhrich
spanische Reiter	Absperrung mit Stacheldraht	unklar	D11

wie Matz von Dresden	ein trauriger Geselle ohne geistige und körperliche Fähigkeiten	Es ist eine Anspielung auf eine bekannte Steinfigur in Dresden, die ein hockendes Steinmännchen an der alten Ellbrücke darstellte.	Röhrich
Lethe trinken (dichter.)	vergessen	unklar	DUDEN
die Fleischtöpfe Ägyptens	das Leben im Wohlstand, der materielle Gewinn	Die Herkunft ist auf den biblischen Bericht über den Auszug der Kinder Israel aus Ägypten (2. Moses 16, 3) zurückzuführen.	D11
von Altenhausen sein	zu den Alten gehören	Es ist ein Wortspiel mit dem Ortsnamen Neuhaldensleben. In einem Schwank von Hans Sachs „Die Hausmägde im Pflug“ zu finden.	Röhrich
alle Wohlgerüche Arabiens (scherzh.)	viele angenehme (starke) Düfte	Hierbei handelt es sich um ein Zitat aus Shakespeares „Macbeth“ (V, 1).	D11
nach Balkonien verreisen	seinen Urlaub daheim verbringen	Dieser PH geht wahrscheinlich auf Berlin zurück und wurde nach dem Muster Makedonien, u. Ä. weiterentwickelt.	Küpper
eine echte Berliner Pflanze	a) Berlingebürtige(r), b) aufgeweckte, lebenslustige junge Berlinerin	Diese Wendung ist dem „Preußischen Armeemarsch 113“ unterlegt.	Küpper
böhmisch einkaufen (österr., ugs., veralt.)	stehlen	unklar	Röhrich
jmdm. böhmisch vorkommen (ugs.)	jmdn. seltsam anmuten, jmdm. unverständlich sein	Dieser Spruch ist eine Entstellung des PH *das kommt mir spanisch vor.*	D11/ Küpper

jmdm./für jmdn. böhmische Dörfer/ein böhmisches Dorf sein (ugs.)	mit etw. nichts anfangen können, weil man es nicht versteht	Viele tschechische Ortsnamen in Böhmen klangen für die Deutschen fremdartig und waren unverständlich.	D11
jmdn. nach Buxtehude wünschen	ein irgendwo in blauer Ferne liegender Ort, in dem sich allerlei merkwürdige Dinge ereignen können	Der Name dieser Kleinstadt im niedersächs. Kreis Stade hat in Norddeutschland eine ähnliche Bedeutung wie das mittel- und oberdt.: „Dummsdorf", „Dingskirchen", „Hintertupfingen", u. Ä.	Röhrich
in/aus/nach Buxtehude (ugs.)	in/aus/nach einem irgendwo fernab gelegenen, unbedeutenden kleinen Ort	Diese Stadt im Kreis Stade ist Schauplatz des Märchens vom Wettlauf zwischen dem Hasen und dem Igel. Wohl wegen der Leichtgläubigkeit des Hasen in der Buxtehuder Heide nahm man an, der Vorfall müsse sich in sehr weiter Ferne abgespielt haben.	Röhrich/ Küpper
sein Damaskus erleben/seinen Tag von Damaskus erleben	(durch ein Ereignis) bekehrt werden, sich von Grund auf wandeln, seine Einstellung grundlegend ändern	Diese Wendung entstammt dem Anfang des 9. Kapitels der Apostelgeschichte. Dort wird berichtet, wie Saulus auf seiner Reise nach Damaskus zum Paulus bekehrt wurde.	D11
nicht die feine englische Art sein	nicht fair sein, eine Handlungsweise ist grob, gemein	Mit „Art" wird hier die schickliche Handlungsweise gemeint, die bes. den „steifen Engländern" beim „understatement" nachgesagt wird.	Röhrich
Schief ist englisch (und englisch ist modern)! (ugs.)	Kommentar, wenn etw. schief hängt, sitzt o. Ä.	Dieser PH bezieht sich möglicherweise auf die zur britischen Uniform gehörende, schief getragene Baskenmütze.	Röhrich

vorankommen wie die Echternacher Springprozession	nur mühsam und mit beständigen Rückschlägen	Die Echternacher Springprozession (seit dem 15. Jh. bezeugt) wurde bekannt als Bittprozession für Kranke, bes. Epileptiker (Veitstanz), die zum Grabe des hl. Willibrord nach Echternach (Luxemburg) pilgerten. Die Legende erzählt, dass bald nach dem Tod des Heiligen in der Gegend von Echternach eine Tierkrankheit ausbrach, bei der sich das Vieh zu Tode springen musste. Die bedrängten Besitzer unternahmen hüpfend und springend eine Wallfahrt zum Grabe des Heiligen, der in seinem Leben auch Tiere geheilt hatte. Als die kranken Tiere wirklich gesund wurden, gelobten die Bauern, die Prozession jedes Jahr zu wiederholen ... In Gruppen bewegt sich der lange Zug springend und betend durch den Ort zur Kirche, in der sich das Grab des hl. Willibrord befindet. Es handelt sich zweifellos um einen der merkwürdigsten Reste mittelalterlicher Volksfrömmigkeit im Abendland.	Röhrich
englische Woche (bes. Fußball)	Zeitraum von einer Woche oder acht Tagen, in dem eine Mannschaft drei (Punkt)spiele bestreiten muss	Dieser PH wurde nach der viel geübten Praxis der britischen Fußballligen, aus Termingründen drei statt zwei Spiele innerhalb von acht Tagen anzusetzen, gebildet.	D11/ DUDEN

von/ aus Flandern sein	in der Liebe unbeständig, flatterhaft sein	Hier wird der Ländername Flandern mit dem gleichklingenden Zeitwort „fländern, flandern, flanieren“ im Sinne von herumflattern, umherschweifen vermischt.	Röhrich
sich (auf) französisch empfehlen/ verabschieden	sich aus einer Gesellschaft unauffällig entfernen, ohne sich zu verabschieden	Dieses als unhöflich geltende Verhalten schieben die Deutschen wie die Briten den Franzosen zu, während diese darin eine typische englische Verhaltensweise sehen („filer à l'anglaise“).	D11
spricht französisch wie die Kuh spanisch	nur geringe französische Sprachkenntnisse haben	unklar	Röhrich
ein Gedächtnis haben wie ein (indischer) Elefant	ein sehr gutes Gedächtnis haben, sich lange erinnern	Elefanten erinnern sich angeblich noch nach Jahren, wer ihnen etwas Böses getan hat.	D11
das mecklenburgische Wappen machen	den Ellbogen auf den Tisch stemmen und den Kopf in die Hände stützen	Diese Wendung bezieht sich auf das alte meckl. Wappen, das einen Ochsenkopf führte.	Röhrich
aus/ von Dummsdorf sein	dumm sein	Bei diesem PH soll es sich um einen Ortsnamen in Sachsen handeln. Er ist wohl weithin unbekannt oder wird als erfunden aufgefasst.	D11/ Küpper
polnische Wirtschaft	Schlamperei, Durcheinander, Unordnung	Dies beruht auf einem alten diskriminierenden Vorurteil, wonach die Polen in ihren Lebensverhältnissen als unordentlich, nachlässig angesehen werden.	D11
nicht preußisch miteinander sein	kein gutes Verhältnis haben	unklar	Röhrich

den Papst nach Rom führen	jmdn. dahin bringen, wo er hingehört und unumstrittener Herrscher ist	In einem ital. Schwank des 15. Jh. wird dies als Metapher für sexuelle Handlungen gebraucht: „Der Pfarrer antwortete nicht und warf die Frau des Zimmermanns ohne ein weiteres Wort auf die Wandbank. Dann legte er die Hand an seine Lanze und rief: ‚Der Papst zieht in Rom ein!', worauf er sie kunstgerecht in das für sie geschaffene Ziel versenkte."	Röhrich
Rheinfall bei Schaffhausen	sehr schwere Übertölpelung	unklar	Küpper
aus Schilda kommen	ein Mensch sein, der sich lächerlicher Mittel bedient, der dumme Streiche verübt, wie dies den Einwohnern von Schilda nachgesagt wird	Jedes Land kennt einen anderen Ort, der die Geburtsstätte aller Albernheiten sein soll und in Ortsneckereien eine Rolle spielt, z.B. Schöppenstedt im Braunschweigischen, wo Till Eulenspiegel seine ersten Taten verübte, Polkwitz in Schlesien ... Köpenick in Brandenburg, usw.	Röhrich
von Schönhausen sein	sehr schön oder iron. gemeint, bes. hässlich sein	Schönhausen gehört wie Schwarzburg zu den erfundenen Ortsnamen, in der scherzhaften Voraussetzung, dass alle Leute, die von dort kommen oder stammen, entspr. Eigenschaften besitzen müssen.	Röhrich
aus Schwarzburg sein	unsauber, ein Schmutzbartel sein	Scherzhaft wird eine unangenehme Eigenart eines Menschen mit dem Namen einer Stadt in Verbindung gebracht, so als ob diese die Erklärung und Entschuldigung für das Verhalten ihrer Einwohner sei; bes. in Obersachsen verbreitet.	Röhrich

siamesische Zwillinge	(meist an der Brust oder am Rücken, auch an den Köpfen) miteinander verwachsene eineiige Zwillinge	Dieser Spruch wurde nach den Zwillingsbrüdern Chang u. Eng aus Siam, heute Thailand, gebildet.	DUDEN
spanische Wand	Klappwand, Wandschirm	unklar	D11
spanisches Rohr (veralt.)	Rohrstock	Früher wurden u.a. Rohrstöcke aus Peddigrohr, einer spanischen Rohrart, gefertigt.	D11
Ablass nach Rom tragen	etw. Überflüssiges tun	unklar	Röhrich
jmd. versteht die Passauer Kunst	jmd. vermag sich hieb-, stich- und kugelfest zu machen	Unter „Passauer Kunst“ versteht man das im Dreißigjährigen Krieg sehr verbreitete Verfahren, sich durch Zettel, die auf dem Leibe getragen wurden, gegen Verwundung „fest“ zu machen. Zur Erklärung des Namens wird gesagt: Die Soldaten wandten sich an Zauberkundige, die sich bes. unter fahrendem Volk fanden. Solche professionelle Zauberkundige hießen in der Studentensprache „Pessulanten.“ Das Wort wäre dann in die Soldatensprache übergegangen und zu „Passauer“ entstellt worden.	Röhrich
sein Lager bei Kandelsberg aufgeschlagen haben	jmd., der oft im Bier- und Weinhaus sitzt	Der fiktive Ortsname „Kandelsberg“ ist scheinbar eine Anspielung auf eine bestimmte Lokalität und eine anekdotische Reminiszenz, bezieht sich aber nur auf die Kanne mit dem Getränk.	Röhrich

so spielt man in Venedig	ein Ausruf beim Kartenspiel, wenn man in einem fort sticht und den Gegner auf diese Weise besiegt	unklar	Röhrich
in den Mond gucken (ugs.)	das Nachsehen haben, leer ausgehen	Die Herkunft dieses PH ist nicht geklärt. Vielleicht liegt ihr die abergläubische Vorstellung zugrunde, dass jemand, der zu lange den Mond anschaut, dadurch ungeschickt und dumm wird.	D11
aussehen wie der dumme Junge von Meißen	ein sehr dummes Gesicht machen	Diese Wendung wird auf eine große Porzellanfigur zurückgeführt, die bis gegen 1840 am Eingang des Formhauses der Meißner Porzellanmanufaktur aufgestellt war und mit ihrer lakaienhaften Tracht und ihrem dummen Gesicht den Besuchern sofort in die Augen fiel.	Röhrich
nach Bettlach/nach Bettingen gehen	zu Bett gehen	Dieser PH ist eine südwestdeutsche Variante des PH *Nach Bethlehem/Bethanien gehen.*	Röhrich
potemkinsche Dörfer	Vorspiegelungen, Trugbilder	Diese Wendung bezieht sich auf den russischen Feldherrn und Staatsmann Fürst Potemkin, der Zarin Katharina II. auf ihrer Krimreise 1787 nur als Fassaden aufgebaute Dörfer gezeigt haben soll, um den Wohlstand des Landes vorzutäuschen.	D11

nach Bethlehem/Bethanien gehen (scherzh.)	zu Bett gehen	Dieser PH ist schon im 16. Jh. in der „Zimmerischen Chronik“ (III, 233) bezeugt: „gleichwol sie bald hernach von einander geen Bethlehem schieden.“	Röhrich
englisch einkaufen	diebisch sein, betrügerisch handeln	Die Antipathie kam um die Jahrhundertwende (zur Zeit des zweiten Burenkriegs: 1899–1902) erneut auf und entfachte sich an der Kolonialpolitik Englands: Man warf England vor, es habe seine Kolonien „englisch gekauft“, nämlich annektiert.	Küpper
jetzt ist Polen offen	die Aufregung ist groß; man befindet sich in einer Situation, in der alles möglich, alles erlaubt zu sein scheint	Diese Wendung leitet sich her von der Metapher „polnische Wirtschaft“ sowie von den vielen Aufständen, die zur Wiederherstellung des polnischen Nationalstaates führen sollten.	Röhrich/ Küpper
russisches Roulette spielen	die Trommel eines Revolvers mit nur einer Patrone laden, drehen und dann abdrücken	unklar	Röhrich
Grüße aus Solingen	Messerstich im menschlichen Körper	Diese Wendung stellt eine Anspielung auf die Solinger Schneidwaren dar.	Küpper

alldeutscher Gruß	zeigen mit dem Zeigefinger an die Stirn; vor allem unter Autofahrern verbreitet; damit will man seinem Gegenüber zu verstehen geben, dass man ihn für verrückt hält	Die Bedeutung dieses PH geht auf den „Deutschen Gruß" der NS-Zeit zurück.	Küpper
bayerischer / schwäbischer Gruß	„leck mich am Arsch!"	unklar	Küpper
chinesisch für jmdn. sein (ugs.)	völlig unverständlich für jmdn. sein und daher einem Gespräch, einer Erklärung o. Ä. nicht folgen können	unklar	DUDEN

A2 Fragebogen zur Umfrage zur Bekanntheit und Gebräuchlichkeit onymischer PH mit Toponymen im Deutschen

Umfrage zum Bekanntheits- und Gebräuchlichkeitsgrad onymischer Phraseologismen mit geographischen Eigennamen im Deutschen:

Liebe Versuchsperson, die Umfrage, an der Du gerade teilnimmst, besteht aus 2 Teilen: Der 1. Teil ist eine Vorbereitung auf die Umfrage. Es handelt sich hier um Angaben zu Deiner Person. Der 2. Teil ist die Umfrage selbst. In diesem Teil werden Fragen über die Bekanntheit und Gebräuchlichkeit deutscher Phraseologismen mit Toponymen (geographischen Eigennamen) gestellt. Deine Aufgabe besteht darin, zu jedem Phraseologismus zwei Fragen zu beantworten: nämlich inwieweit Dir der Phraseologismus geläufig ist (bekannt, ziemlich bekannt, unbekannt) und wie oft Du den Phraseologismus benutzen würdest (oft, ziemlich oft, niemals). Die Umfrage soll als empirische Basis für meine Forschungsarbeit zum Thema „Deutsche Phraseologismen mit Toponymen und das Problem ihrer Übersetzbarkeit ins Polnische" dienen. Deine Teilnahme wäre eine große Hilfe für mich. Vielen Dank!

1. Teil

Name:	Vorname:
Alter:	Studiengang:
Herkunft (Bundesland):	

	Bekanntheitsgrad des Phraseologismus			**Gebräuchlichkeitsgrad des Phraseologismus**		
	bekannt	*ziemlich bekannt*	*unbekannt*	*oft*	*selten*	*niemals*
jmdm. spanisch vorkommen						
für jmdn. spanische Dörfer sein						
auf dem hohen Olymp sitzen						
wie Gott in Frankreich leben						
hinter schwedischen Gardinen						
Eulen nach Athen tragen						
auf gut Deutsch						
mit jmdm. deutsch reden/sprechen						
Sodom und Gomorrha						
sich wie ein Reiter auf dem Bodensee fühlen						
den Rubikon überschreiten						
sein Waterloo erleben						
Nürnberger Trichter						
da ist Holland in Not						
über den Jordan gehen						
der/ein Gang nach Canossa						
ausgehen wie das Hornberger Schießen						
etwas ist faul im Staate Dänemark						
letzte Grüße aus Davos						
den gordischen Knoten durchhauen						
aussehen wie der Tod von Warschau/Basel/Ypern						

er will nach Rom und fährt den Rhein hinab						
darauf kann man (bis) nach Rom/Breslau/Paris/Köln reiten						
sie ist nach Rom gereist						
man könnte nach Rom gehen und wieder kommen						
Rom hat gesprochen						
bis dahin läuft noch viel Wasser den Rhein/die Elbe/die Spree hinunter						
Rom ist auch nicht an einem Tag erbaut worden						
ägyptische Finsternis						
Asbach uralt						
babylonische Sprachverwirrung/babylonisches Sprachgewirr						
mit Alsterwasser/Spreewasser getauft sein						
ob/wenn in Peking ein Fahrrad/Sack Reis umfällt						
fern von Madrid						
ab nach Kassel!						
in Buxtehude, wo die Hunde mit dem Schwanz bellen						
dann bin ich der Kaiser von China						
chinesisch reden						
noch ist Polen nicht verloren						
in Rom gewesen sein und den Papst nicht gesehen haben						
viele Wege führen nach Rom						
Zustände wie im alten Rom						
spanische Reiter						

wie Matz von Dresden						
Lethe trinken						
die Fleischtöpfe Ägyptens						
von Altenhausen sein						
alle Wohlgerüche Arabiens						
nach Balkonien verreisen						
eine echte Berliner Pflanze						
böhmisch einkaufen						
jmdm. böhmisch vorkommen						
jmdm./für jmdn. böhmische Dörfer/ein böhmisches Dorf sein						
jmdn. nach Buxtehude wünschen						
in/aus/nach Buxtehude						
sein Damaskus erleben/seinen Tag von Damaskus erleben						
nicht die feine englische Art sein						
Schief ist englisch (und englisch ist modern)!						
vorankommen wie die Echternacher Springprozession						
englische Woche						
von/aus Flandern sein						
sich (auf) französisch empfehlen/verabschieden						
spricht französisch wie die Kuh spanisch						
ein Gedächtnis haben wie ein (indischer) Elefant						
das mecklenburgische Wappen machen						
aus/von Dummsdorf sein						
polnische Wirtschaft						
nicht preußisch miteinander sein						
den Papst nach Rom führen						

Rheinfall bei Schaffhausen						
aus Schilda kommen						
von Schönhausen sein						
aus Schwarzburg sein						
siamesische Zwillinge						
spanische Wand						
spanisches Rohr						
Ablass nach Rom tragen						
jmd. versteht die Passauer Kunst						
sein Lager bei Kandelsberg aufgeschlagen haben						
so spielt man in Venedig						
in den Mond gucken						
aussehen wie der dumme Junge von Meißen						
nach Bettlach/ nach Bettingen gehen						
potemkinsche Dörfer						
nach Bethlehem/ Bethanien gehen						
englisch einkaufen						
jetzt ist Polen offen						
jmdm. einen Russen aufbinden						
russisches Roulette spielen						
Grüße aus Solingen						
alldeutscher Gruß						
bayerischer/ schwäbischer Gruß						
chinesisch für jmdn. sein						

Abkürzungsverzeichnis

PH	Phraseologismus/Phraseologismen
EN	Eigenname
ZS	Zielsprache
AS	Ausgangssprache
DUDEN	*Duden - Deutsches Universalwörterbuch.* 6. Aufl. Mannheim, 2006.
D11	*Duden, Redewendungen: Wörterbuch der deutschen Idiomatik.* Bd. 11, 2., neu bearb. und aktualisierte Aufl., Mannheim, 2002.
KÜ	KÜPPER, H. (1997): *Wörterbuch der deutschen Umgangssprache.* Klett, Stuttgart.
RÖ	RÖHRICH, L. (1991/92): *Das große Lexikon der sprichwörtlichen Redensarten.* Herder Verlag, Freiburg.
SFJP	SKORUPKA, S. (1989): *Słownik frazeologiczny języka polskiego.* 2 Bde., Wiedza Powszechna, Warszawa.

Literaturverzeichnis

NACHSCHLAGEWERKE

Duden - Deutsches Universalwörterbuch. 6. Aufl. Mannheim, 2006.

Duden, Redewendungen: Wörterbuch der deutschen Idiomatik. Bd. 11, 2., neu bearb. und aktualisierte Aufl., Mannheim, 2002.

KÜPPER, H. (1997): *Wörterbuch der deutschen Umgangssprache.* Stuttgart: Klett.

RÖHRICH, L. (1991/92): *Das große Lexikon der sprichwörtlichen Redensarten.* Freiburg: Herder Verlag.

Słownik frazeologiczny PWN. Warszawa: Wydawnictwo Naukowe PWN, 2005.

SKORUPKA, S. (1989): *Słownik frazeologiczny języka polskiego.* 2 Bde. Warszawa: Wiedza Powszechna.

WEHLE, P. (1980): *Sprechen Sie Wienerisch? Von Adaxl bis Zwutschkerl.* Wien: Carl Ueberreuter Verlag.

SEKUNDÄRLITERATUR

BABKIN, A. M. (1979): „Idiomatika (frazeologija) v jazyke i slovare." In: *Sovremennaja russkaja leksikografija 1979.* Leningrad: Nauka.

BAUER, G. (1985): *Namenkunde des Deutschen.* Bern: Peter Lang.

BURGER, H. (1992): „Phraseologie im Wörterbuch. Überlegungen aus germanistischer Perspektive." In: Eismann, W./ Petermann, J.: *Studia phraseologica et alia.* 33-51.

BURGER, H. (2003): *Phraseologie. Eine Einführung am Beispiel des Deutschen.* Berlin: Erich Schmidt.

DOBROVOL'SKIJ, D. (1999a): „Kontrastive Phraseologie in Theorie und Wörterbuch." In: Rupprecht, B.: *Wörter in Bildern – Bilder in Wörtern.* 107-122.

DOBROVOL'SKIJ, D. (1999b): „Kulturelle Spezifik in der Phraseologie: allgemeine Probleme und kontrastive Aspekte." In: Sabban, A.: *Phraseologie und Übersetzen.* 41-58.

FIX, U. (1979): „Zum Verhältnis von Syntax und Semantik im Wortgruppenlexem." In: *Linguistische Studien. Reihe A.* 1-19.

FLEISCHER, W. (1982): *Phraseologie der deutschen Gegenwartssprache.* Leipzig: VEB.

FLEICHER, W. (2001): „Phraseologie." In: Fleischer, W./Helbig, G./Lerchner, G.: *Kleine Enzyklopädie. Deutsche Sprache.* 108-143.

FÖLDES, C. (1985): „Eigennamen in deutschen phraseologischen Redewendungen. Eine etymologische und semantisch-stilistische Analyse." In: *Muttersprache 95* (3-4). 174-180.

FÖLDES, C. (1996): „Ortsnamen als phraseologische Strukturkomponenten im Deutschen." In: *Germanistische Linguistik 129/130.* 219-232.

HEINZ, M. (1999): „Probleme der Phrasemäquivalenz im allgemeinen zweisprachigen Wörterbuch (Deutsch-Französisch)." In: Sabban, A.: *Phraseologie und Übersetzen.* 147-157.

HESSKY, R. (1987): *Phraseologie. Linguistische Grundlagen und kontrastives Modell deutsch ungarisch.* Tübingen: Niemeyer.

KADE, O. (1968): „Kommunikationswissenschaftliche Probleme der Translation." In: Neubert, A.: *Grundlagen der Übersetzungswissenschaft.* 3-19.

LASKOWSKI, M. (2003): „Europäische Pluralität in Phraseologismen mit Eigennamen im Deutschen und Polnischen und ihre Rolle im Fach Deutsch als Fremdsprache." In: *Convivium, Germanistisches Jahrbuch Polen.* 61-74.

LASKOWSKI, M. (2004): „Toponyme im Bereich der phraseologischen Subsysteme des Deutschen und des Polnischen: Ein Beitrag zu ihrer konfrontativen Untersuchung und didaktischen Potenz." In: *Info DaF: Informationen Deutsch als Fremdsprache 6.* 566-616.

LASKOWSKI, M. (2005): „Problemy translacji w zakresie frazeologii na przykładzie języka niemieckiego i polskiego." In: *Studia Niemcoznawcze. Tom XXXI.* 657-670.

LIPCZUK, R. (1989): „Zum Problem der ‚falschen Freunde des Übersetzers'." In: Kątny, A./Bzdęga, A. Z.: *Theorie und Praxis der deutsch-polnischen Konfrontation und Translation.* 41-52.

LIPIŃSKI, K. (2004): *Mity przekładoznawstwa.* Kraków: EGIS.

ŁABNO-FALĘCKA, E. (1995): *Phraseologie und Übersetzen.* Frankfurt am Main: Peter Lang.

NORD, CH. (1991): *Textanalyse und Übersetzen.* Heidelberg: Julius Groos.

PALM, CH. (1995): *Phraseologie. Eine Einführung.* Tübingen: Narr.

PIIRAINEN, E. (1997): „Da kann man nur die Hände in den Schoß legen'. Zur Problematik der falschen Freunde in niederländischen und deutschen Phraseologismen." In: Barz, I./Schröder, M.: *Nominationsforschung im Deutschen.* 201-211.

REISS, K., VERMEER, H. J. (1991): *Grundlegung einer allgemeinen Translationstheorie.* Tübingen: Max Niemeyer.

SABBAN, A. (1999): *Phraseologie und Übersetzen.* Bielefeld: Aisthesis-Verlag.

SCHEMANN, H. (1991): *Synonymwörterbuch der deutschen Redensarten.* Stuttgart: Klett.

SCHEMANN, H. (1993): *Deutsche Idiomatik: die deutschen Redewendungen im Kontext.* Stuttragt: Klett.

SNELL-HORNBY, M. (2002): *Handbuch. Translation.* Tübingen: Stauffenburg.

STANTCHEVA, D. (2003): *Phraseologismen in deutschen Wörterbüchern.* Hamburg: Dr. Kovač.

STARKE, G. (1996): „Deutsche Phraseologie in interkultureller und interlingualer Sicht." In: *Germanistyka 12.* 7-14.

STOLZE, R. (1997): *Übersetzungstheorien. Eine Einführung.* Tübingen: Gunter Narr.

SULIKOWSKI, P. (2005): *Fallstudie I: „Der Sieger" von Leopold Staff. Zur Entstehung eines Translats.* http://www.db thueringen.de/servlets/DocumentServlet?id=4458

TARAMAN, S. (1986): *Kulturspezifik als Übersetzungsproblem. Phraseologismen in arabisch-deutscher Übersetzung.* Heidelberg: Julius Groos.

TELIJA, V. N. (1996): *Russkaja frazeologija.* Moskva: Škola „Jazyki russkoj kul'tury."

ULRICH, M. (1997): *Die Sprache als Sache. Primärsprache, Metasprache, Übersetzung.* Tübingen: Narr.

V. HUMBOLDT, W. (1949): *Über die Verschiedenheit des menschlichen Sprachbaues und ihren Einfluß auf die geistige Entwicklung des Menschengeschlechts.* Berlin: Schneider.

WALTHER, H. (2003): *Namenkunde und geschichtliche Landeskunde.* Leipzig: Leipziger Universitätsverlag.

WIERZBICKA, A. (1992): *Semantics, culture and cognition. Universal human concepts in culture-specific configurations.* New York: Oxford Universoty Press.

WHORF, B. L. (1956): *Language, Thought and Reality.* Hrsg. und übers. von Peter Krausser (1963): *Sprache, Denken, Wirklichkeit.* Hamburg: Rowohlt.

WORBS, E. (1994): *Theorie und Praxis der slawisch-deutschen Phraseographie.* Mainz: Liber.

Zeitgeschichtliche Quellen

Der Spiegel, Nr. 28 vom 07.07.2003, S. 12.